出纳岗位实务

王秀娟　王　琳　吴　娇　主　编
王　欢　孙晓敏　崔　巍　副主编
　　　　马璐璐　主　审

北京工业大学出版社

图书在版编目（CIP）数据

出纳岗位实务 / 王秀娟，王琳，吴娇主编 . — 北京：北京工业大学出版社，2018.12（2021.5 重印）

ISBN 978-7-5639-5998-3

Ⅰ．①出… Ⅱ．①王… ②王… ③吴… Ⅲ．①出纳－基本知识－高等学校－教材 Ⅳ．① F23

中国版本图书馆 CIP 数据核字（2019）第 020019 号

出纳岗位实务

主　　编：	王秀娟　王　琳　吴　娇
责任编辑：	张　娇
封面设计：	点墨轩阁
出版发行：	北京工业大学出版社
	（北京市朝阳区平乐园 100 号　邮编：100124）
	010-67391722（传真）　　bgdcbs@sina.com
经销单位：	全国各地新华书店
承印单位：	三河市明华印务有限公司
开　　本：	787 毫米 ×1092 毫米　1/16
印　　张：	13.75
字　　数：	275 千字
版　　次：	2018 年 12 月第 1 版
印　　次：	2021 年 5 月第 2 次印刷
标准书号：	ISBN 978-7-5639-5998-3
定　　价：	59.80 元

版权所有　　翻印必究

（如发现印装质量问题，请寄本社发行部调换 010-67391106）

前 言

出纳岗位是各企事业单位必须设置的会计工作岗位之一，主要负责现金和有价证券的保管工作，以及货币资金的序时登记及监督工作，并办理现金收付、银行结算等业务。同时，为紧跟我国职业教育改革的步伐，确定"能力本位、工学结合、校企合作"的中等职业教育理念，许多高职院校、职业中专学校将会计专业人才培养定位为出纳岗位，为使学生能够熟练掌握出纳岗位的专业知识和技能，编者结合多年一线教学经验及多位企业专家的心得和意见，精心编写了以会计出纳岗位实务操作及岗位任务分析为主的本教材。

本教材严格依据最新的《现金管理暂行条例》《银行结算办法》《支付结算办法》等财经法律法规，按照"以能力为本位，以职业实践为主线"的总体设计思路，围绕出纳岗位任职人员所需的理论知识和职业能力进行构思，以典型工作任务为载体，将出纳工作应具备的基础知识、基本理论、操作技能、业务流程等有机融入每一项具体任务的办理过程中，引导学习者有针对性地学习知识、训练技能，充分体现了职业教育的职业性和实践性。同时，根据目前会计教学的新需求构架教材体系、设计教材体例，具有以下几点鲜明特色。

①遵循工作过程系统化。本教材从出纳岗位的职责与工作流程起始，分项目、分任务介绍会计凭证、现金及银行存款的管理、日记账的设置与登记等出纳岗位应知应会、必知必会的业务内容，力求在课堂教学过程中还原企业出纳岗位处理相关业务的流程、方法和操作要领，让学生在学习过程中就能掌握出纳岗位处理业务的实际操作要求。

②立足职业教育"教学做"一体化教学特色，理论知识适度够用即可，突破以文字叙述经济业务为主的传统教材模式，构建了八个项目、近三十项任务的职业岗位能力训练操作教材体系，通过全仿真式票证账表全面准确地呈现出纳岗位典型工作任务的办理流程和业务手续，使学生全方位体验出纳工作内部控制的严密性和各项手续的规范性。在典型工作任务中穿插介绍识别人民币、会计账簿启用、错账更正、工作交接等实践操作技能，使学生在

学习后能真正具备出纳岗位专业知识和操作技能，具有较强的会计业务处理能力及可持续业务发展能力。

③讲练结合，框架清晰，可操作性强。本教材设计"分项目实训"部分，在学习过后逐项进行全仿真实训练习，让学生在练习中熟练使用真实的会计凭证及会计相关资料，为学生毕业即上岗、上岗即顶岗奠定坚实的基础。

本教材既可作为各类大学、中高等职业学校财经类专业的岗位实训课教材，也可作为财会人员的岗位培训教材及自学用书。本教材由王秀娟、王琳、吴娇任主编，王欢、孙晓敏、崔巍任副主编，参加编写的人员还有周雨冬、马璐璐、黄显明、李秉阳、胡铭、徐一琳、马铁岐、邸盈、杨宁、王亚军。本教材由王秀娟、王琳总纂并定稿，马璐璐主审。虽是编者及编写团队的心血之作，但由于成书时间较短，加之编者水平有限，书中不足之处在所难免，敬请读者批评指正。

目 录

项目一　出纳岗位相关知识 ·· 1
　　任务一　出纳岗位概述 ·· 1
　　任务二　出纳岗位工作流程 ·· 5
项目二　会计凭证 ·· 7
　　任务一　会计凭证概述 ·· 7
　　任务二　人民币大、小写金额的书写 ·································· 15
　　任务三　大写日期的书写 ·· 17
项目三　现金的管理 ·· 19
　　任务一　现金管理规定 ·· 19
　　任务二　收款收据和现金缴款单 ······································ 21
　　任务三　借款单和出差旅费报销单 ··································· 26
　　任务四　现金清查 ·· 31
　　任务五　认识人民币，抵制假币 ······································ 34
项目四　银行存款的管理 ·· 41
　　任务一　银行存款管理规定 ··· 41
　　任务二　支票业务 ·· 42
　　任务三　银行本票业务 ··· 51
　　任务四　银行汇票业务 ··· 56
　　任务五　汇兑业务 ·· 62
　　任务六　托收承付业务 ··· 67
　　任务七　委托收款业务 ··· 74
　　任务八　商业汇票业务 ··· 77
　　任务九　其他业务 ·· 91
　　任务十　银行存款清查 ··· 94

项目五　日记账的设置与登记 …… 99
任务一　会计账簿的启用与交接 …… 99
任务二　日记账的登记 …… 101
任务三　错账更正 …… 108

项目六　出纳工作交接 …… 117

项目七　分项目实训 …… 121
实训一　人民币大、小写金额与大写日期的书写 …… 121
实训二　收款收据和现金缴款单 …… 123
实训三　借款单和出差旅费报销单 …… 126
实训四　支　票 …… 129
实训五　银行本票 …… 135
实训六　银行汇票 …… 138
实训七　汇　兑 …… 144
实训八　托收承付 …… 147
实训九　委托收款 …… 153
实训十　商业汇票 …… 155
实训十一　日记账 …… 166
实训十二　错账更正 …… 171
实训十三　银行存款余额调节表 …… 173

项目八　综合实训 …… 177

参考文献 …… 213

项目一　出纳岗位相关知识

任务一　出纳岗位概述

出纳工作是会计循环中的起始环节、是会计核算的重要组成部分，对于加强经济管理、保证财产安全有着重要意义。

一、出纳的含义

出纳是会计学中的一个专业名词，也是会计核算中的一个岗位名称。

从字面上看，"出"指支出、发出，"纳"指收入、接纳。按其经济意义，是指货币资金的收入和支出。通常人们所说的"出纳"具有两层含义，即出纳工作和出纳人员。

出纳是国家机关、企事业单位严格按照国家有关现金管理制度和银行支付结算办法，办理货币收支、保管票据等核算工作的总称。从事出纳工作的人员称为出纳员。

出纳员有广义和狭义之分。从广义上看，出纳人员包括会计部门的出纳工作人员和各业务部门的收银员。收银员的工作内容、方法和要求，以及他们本身应具备的素质，与会计部门的专任出纳人员有很多相似之处，他们的工作是整个出纳工作的一部分。狭义的出纳人员仅指会计部门的出纳人员。

二、出纳岗位的人员设置

出纳的主要工作对象是货币资金。根据我国有关法律规定，任何有独立资金运转的企事业单位都需要根据实际情况设置一到两名出纳人员。为了适应工作对象的不同，可将出纳分为现金出纳和银行出纳。现金出纳主要负责本单位与外单位、本单位与内部职工及单位内各部门之间的现金收付结算业务，同时负责保管现金、有价证券及其他重要的现金凭证。银行出纳负责通过银行结算实现银行存款的收付，同时负责与银行及时对账。

一般大中型企事业单位中，这两种业务各需要一名出纳人员，一人负责现金出纳业务，管理现金、有价证券和各种票据，并负责登记现金日记账；另一人负责办理银行存款出纳业务，管理银行存款和登记银行存款日记账。如果某一方面的货币资金收付业务量大，还可以由多名出纳人员办理出纳业务。而经济业务简单、货币收支不多的中小微企业，现金和银行存款收付业务一般由一名专职出纳员负责办理。

任用出纳人员时，国家机关、国有企业、事业单位应当实行回避制度。会计机构负责人、会计主管人员的直系亲属不得在本单位会计机构担任出纳工作。

三、出纳岗位的工作内容

（一）办理现金收付和银行结算业务

严格按照国家现金管理制度的规定，对相关原始凭证进行审核，根据审核无误的收付款凭证办理现金收付。按照银行支付结算的有关规定，办理银行结算，安全、合理地选用银行结算方式。

（二）填制和审核有关原始凭证

出纳人员在办理各项货币资金及有价证券的收付业务时，应按照会计制度的规定，填制相关凭证，如支票、收据等原始凭证。对于支付业务，出纳人员应严格进行审核，确定符合相关财务制度规定。

（三）登记现金和银行存款日记账，进行账实、账账核对

出纳人员对发生的经济业务，经审核无误后登记库存现金日记账和银行存款日记账。每天进行库存现金的清查，并将其与库存现金日记账余额核定，保证账实相符；月末将银行存款日记账与银行转来的对账单逐笔核对。

（四）保管库存现金和各种有价证券

出纳人员必须保管好库存现金和有价证券，确保其安全完整。库存现金不应超过限额，送存经营收入款或向银行提取现金时应有安保措施，保险箱由专人负责，保险箱密码要严格保密，妥善保管钥匙，不得将保险箱密码及钥匙私自交由其他人员。

（五）保管有关印章、空白收据和空白支票

出纳人员要妥善保管有关印章、空白支票和空白收据，严格按照规定的用途使用。对于空白支票、空白收据的领用、注销，应设登记簿进行登记。出纳人员调离出纳岗位时，应将其保管的款项、有价证券、凭证、账簿、印章、

空白收据、空白发票等向接办人员移交清楚。

由于各单位业务范围、规模大小不同,根据工作需要,出纳人员还可能兼任其他工作,但不得兼管稽核、会计档案保管和收入、费用、债权债务账目的登记工作。

四、出纳岗位的工作原则

由于出纳的工作对象主要是货币资金的收付和保管,为保证财产安全、防止错弊,出纳岗位应遵循下列原则。

(一)钱账分管,内部牵制

凡涉及款项和财物收付、结算和登记的任何一项工作,必须由两人或两人以上分工办理,货币资金收支的审批人员、经办人员、财务保管人员的职责权限应当明确,并且相互分离、相互制约。出纳人员应专人专责,严格遵守"管钱不管账,管账不管钱"的规定。

(二)定期检查,实行监督

会计主管人员应对出纳人员的工作进行定期或不定期检查,考核出纳人员的工作质量,保证资金安全。

(三)遵守法律,违约担责

凡是由于出纳人员责任心差、工作疏忽造成的收付差错,应主动退回或者及时追回;由于出纳人员失职导致所保管的现金短缺、有价证券丢失、贪污、挪用公款等情况,出纳人员应予以赔偿,情节严重的可追究刑事责任。

五、出纳人员的素质要求

出纳岗位是一个重要的、特殊的会计工作岗位,出纳人员掌管着本单位全部货币资金和有价证券的收支、保管和核算工作,掌管着本单位所有的票据,责任重大,必须具备相应的素质。

(一)基本素质要求

1. 思想素质

出纳人员要有良好的职业道德,很强的责任心,工作中要细心、有耐心;实事求是,如实反映货币资金收支;遵纪守法,洁身自好,不受金钱和利益的诱惑;保守商业机密。

2. 专业素质

出纳人员要熟悉并认真执行国家的财经法律、规章制度。出纳工作是一项政策性和专业性很强的工作,要做好出纳工作,出纳人员必须熟悉和掌握我国有关财经制度,如《中华人民共和国会计法》《企业会计准则》《现金管理制度》《支付结算办法》等,不断学习新的政策、规定,还要熟悉本单位的主要业务和财务制度,这样在与各部门的沟通中,才能明确哪些该做以及该怎么做。

3. 沟通协作能力

企业财务部门往往有多个不同的工作岗位,各种工作环环相扣,出纳人员要按时完成本职工作,不得拖延,需要时应积极协助其他岗位工作。

(二) 业务技能要求

作为一名合格的出纳人员,应具备下列专业技能。

①书写规范。出纳工作中涉及基本文字的书写、大小写金额数字的书写、日期的书写等,要求出纳人员书写正确、清晰工整,不得涂改、挖补、刮擦。

②票据清点与防伪。出纳人员的工作对象最直接的是库存现金,其库存现金的清点、整理、捆扎等基本功要硬,要有识别假钞的能力。

③熟练运用计算器。货币资金的结算与清点过程中,经常要用到计算器,出纳人员要做到熟练使用、又快又准。

④出纳专用机具的使用。出纳工作中,经常要使用点钞机、验钞机、支票打印机、POS 机等,出纳人员应学会并熟练运用。

⑤保险柜的正确使用。出纳工作中,库存现金及有价证券等都应存放在保险柜中,保险柜的正确使用方法、密码和钥匙的专用性和私密性都应注意保持。

⑥计算机的使用。目前企业基本实现了电算化,出纳人员必须熟悉计算机的基本操作技能和财务软件的使用,能够熟练运用 Excel 进行基本数据的分析和处理。

⑦银行转账业务的处理。出纳人员要灵活使用各种银行转账结算方式办理结算业务。

⑧账务处理。出纳人员应根据经审核后的收付款记账凭证,登记库存现金和银行存款日记账,定期对账,月末结账。

保险柜在使用时应注意以下问题。

①保险柜的管理。保险柜通常由总会计师或财务处长授权,由出纳人员负责管理使用。

②保险柜钥匙的配备。保险柜必须配备两把钥匙,一把由出纳人员保管,供出纳人员每日工作时开启使用;另一把交由

保卫部门封存，或由单位总会计师或财务处长负责保管，以备紧急情况下经有关领导批准后开启使用。出纳人员不能将保险柜钥匙交由他人代为保管。

③保险柜的开启。保险柜必须由出纳人员开启使用，非出纳人员不得开启保险柜。若单位总会计师或财务处长需要对出纳人员的工作进行检查，比如检查库存现金限额，或者其他特殊情况需要开启保险柜的，应根据规定的程序由总会计师或财务处长开启。在通常情况下，不得任意开启由出纳人员掌管使用的保险柜。

④财物的保管。每日下班前，出纳人员应将其使用的空白支票、银钱收据、印章等放入保险柜。保险柜内存放的现金应设置和登记现金日记账，其他有价证券、存折、票据等应根据种类造册登记，贵重物品应按种类设置备查簿，登记其质量、重量、金额等，所有财物应与账簿记录核对一致。按规定，保险柜内不得存放私人财物。

⑤保险柜密码。出纳人员应将自己保管使用的保险柜密码严格保密，不得向他人泄密，以免被他人利用。出纳人员调动岗位时，新出纳人员应使用新的密码。严格遵守密码管理原则，不得随意书写。

⑥保险柜被盗时的处理。出纳人员发现保险柜被盗后，应保护好现场并及时报告公安机关，待公安机关到达现场后才能清理财物被盗情况。若保险柜没有按照规定存放，保险检查措施也没有做好，这种情况下出纳人员要承担一部分责任或者赔偿全款。

⑦保险柜的摆放要避开门窗，出纳人员操作密码时尽量避开非工作人员。单位的重要物品应按规定存放，存放的库存现金额度，必须符合《现金管理暂行条例》的有关规定，不得超额存放。

任务二　出纳岗位工作流程

一、出纳人员的工作流程

①出纳人员上班后第一时间应该先检查保险柜里的现金、有价证券和其他贵重物品是否完好无损。

②对一天的工作做好安排，如有特殊情况，应及时向有关领导和会计主管请示资金安排计划。

③如果库存现金不足，应先到银行提取现金。

④按规定办理各项收付款业务。

⑤审核收付款业务的原始凭证，并编制收付款记账凭证，经会计审核后

据以登记库存现金日记账,保存好原始凭证。

⑥每天下班前,出纳人员要清点库存现金,将现金实有数额与现金日记账进行查验核对,并检查保险柜是否锁好。

⑦必须在银行规定的现金解缴截止时间前送存超限额现金。

⑧因特殊情况造成当天工作没有完成的,应该在第二天优先办理。

⑨每月或定期对出纳人员保管的支票、发票、有价证券和重要的结算凭证进行清点,保证账实相符。

⑩根据单位业务需要定期核对日记账,报送出纳报表。

⑪月末,按规定打印收付款记账凭证,并逐日逐笔将保存的原始凭证粘贴到收付款记账凭证后面,装订成册,归档保存。

二、出纳账务处理程序

无论企业采用哪一种账务处理程序,出纳业务处理的基本步骤都是相同的,如图 1-1 所示。

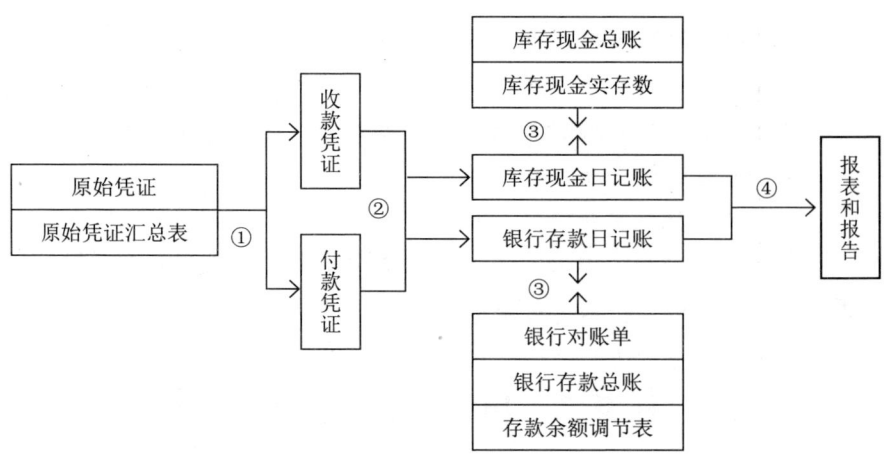

图 1-1　出纳业务处理的基本步骤

项目二　会计凭证

任务一　会计凭证概述

会计凭证是记录经济业务、明确经济责任的书面证明，是登记账簿的依据。会计凭证包括原始凭证和记账凭证。

一、原始凭证

单位对发生的每一项经济业务必须取得或填制合法的原始凭证。

（一）原始凭证的概念

原始凭证是企业、行政事业单位在经济业务发生或完成时取得或填制的，是进行会计核算、具有法律效力的原始书面证明。

（二）原始凭证的种类

第一，按取得的来源不同，可将原始凭证划分为外来原始凭证和自制原始凭证。

外来原始凭证是指本企业同外单位或个人发生经济业务往来过程中，当经济业务发生或完成时，从外单位或个人手中取得的原始凭证。例如，购买原材料时收到的发票；企业到银行存、取款时银行开出的收款、付款凭证；职工出差时取得的车票、船票、机票等。

自制原始凭证是指当经济业务发生或完成时，由本单位业务经办部门或个人自行填制的原始凭证。例如，购入的材料验收入库时，由库管人员填写的材料验收入库单；各部门领用材料时填写的领料单；出差人员出差回来报销差旅费时，由出差人员填写的差旅费报销单等。

第二，按填制手续和方式的不同，可将原始凭证分为一次凭证、累计凭证和汇总凭证。

一次凭证是指一次只记录一项经济业务或同时记录若干项同类性质的经济业务的原始凭证。

一次凭证强调填制时一次性填写完各项内容，如各种外来原始凭证和自制原始凭证中的领料单（如表2-1所示）、材料入库单等。

表 2-1

领 料 单

领用单位：　　　　　　　　　　年　月　日　　　　　　　　编号：

材料名称	规格型号	计量单位	请领数量	实发数量	总成本	
					单位成本	金额
合计						
用途		领料部门		发料部门		财务部门
		负责人	领料人	核准人	发料人	会计

累计凭证是指在一定时期内连续记录若干项同类性质的经济业务的原始凭证。

累计凭证强调多次填写完成，有效期满后，结出累计总额，如自制原始凭证中的限额领料单（如表2-2所示）等。

表 2-2

限 额 领 料 单

材料科目：　　　　　　　　　　　　　　　　　　　材料类别：
领料车间（部门）：　　　　　　年　月　　　　　　编号：
用途：　　　　　　　　　　　　　　　　　　　　　仓库：

材料编号	材料名称	规格	计量单位	领用限额	实际领用			备注
					数量	单位成本	金额	
日期	请领		实发			退回			限额结余
	数量	领料单位	数量	发料人签章	领料人签章	数量	领料人签章	退料人签章	

生产计划部门负责人：　　　　　供应部门负责人：　　　　　仓库负责人：

汇总凭证是指定期根据若干项同类性质经济业务的原始凭证，依据有关要求整理编制、汇总完成的一种原始凭证。

汇总凭证强调一次汇总完成，如材料耗用汇总表（如表2-3所示）等。

表2-3

材料耗用汇总表

附件　　张　　　　　　　　　　年　月　日

借方 \ 贷方		原料及主要材料	辅助材料	燃料	修理用备件	……	合计
生产成本	基本生产成本						
	辅助生产成本						
制造费用							
管理费用							
……							
合计							

会计主管：　　　　记账：　　　　审核：　　　　填制：

（三）原始凭证的基本要素

原始凭证的内容必须包含以下几项。
①凭证的名称。
②填制凭证的日期。
③填制凭证的单位名称或填制人姓名。
④经办人员的签名或盖章。
⑤接受凭证单位的名称。
⑥经济业务的内容。
⑦数量、单价、金额。

（四）原始凭证的填制

1. 填制形式

①根据实际发生或完成的经济业务，由经办人员直接填制，如"材料入库单""领料单"等。

②根据已经入账的有关经济业务，由会计人员利用账簿资料加工整理填制，如"制造费用分配表"等。

③根据若干张反映同类经济业务的原始凭证汇总填制汇总原始凭证。

2. 填制要求

①真实可靠。原始凭证上填制的表示经济业务发生或完成的日期、内容

必须与实际情况完全相符。

②填制及时。原始凭证必须在经济业务发生或完成的当时、当地及时进行填写或及时取得，并按照规定程序传递、审核，以便据以填制记账凭证。

③内容完整。必须按照规定的原始凭证基本要素逐项填写齐全，不得遗漏或简略；有关经办单位和人员必须按法规要求认真签章，做到责任明确，各负其责。

④填写清楚。原始凭证要求使用蓝、黑墨水笔或特殊书写笔书写，文字清楚、工整，易于辨认，不得臆造文字；业务内容应简明扼要；业务数量、单价和金额要按规定填写；金额数字不得随笔连写，空白金额行应加斜线注销，合计金额前要加写人民币符号"￥"；大小写数字规范，金额保持一致；两联或两联以上套写的凭证，必须全部写透。

（五）原始凭证的填写规范

①单位对发生的每一项经济业务必须取得或填制合法的原始凭证。

②从外单位取得的凭证和对外开具的凭证必须盖有发票专用章或财务章；从个人处取得的原始凭证，必须有填制人员的签名或者盖章；自制原始凭证必须有收款人、经办人和单位负责人的签名或盖章。

③购买实物的原始凭证，必须有验收证明；支付款项的原始凭证，必须有收款单位和收款人的收款证明。

各种收付款项的原始凭证应由出纳人员签名或盖章，并分别加盖现金、银行收付讫或转讫章。

发票必须有税务部门监制印章，收据必须有财政部门监制印章。职工因公借款的借据，必须附在记账凭证上，还款时应另开收据，不得退还原借款借据。

一式几联的原始凭证，应当注明各联的用途，只能将一联作为报销凭证。

一式几联的发票和收据，必须用双面复写纸套写，并连续编号。作废时应加盖"作废"戳记，连同存根一起保存，不得销毁。

④有附件的必须注明附件自然张数，有效金额必须相等。经过上级批准的经济业务，应将批准文件原件或复印件作为原始凭证附件，也可在凭证上注明批准机关名称、日期和文件字号，原件另行保管。

各种附件应附在原始凭证背面，如附件张数较多，应从原始凭证的右上角起按自右至左顺序重叠粘贴，不得遮盖报销金额；如单据过多，原始凭证背面不够粘贴时，另用白纸粘贴，附在原始凭证背面。公共汽车及地铁车票，只粘贴报销金额部分，各种卡片或车船票应将票面撕下粘贴。各种附件大于原始凭证的，应按原始凭证大小折叠，附在原始凭证后面。如有破损应粘贴补齐，破损严重到无法辨认时，应重新取得，确有困难的，其经济业务内容与金额由经办人员另附说明，经单位领导批准。

⑤可将同一经济业务内容的原始凭证，按单位或按人名分别汇总填制原始凭证汇总表。

⑥原始凭证不得外借，其他单位如因特殊原因需要使用原始凭证时，经本单位领导人批准，可以复制。向外单位提供的原始凭证复印件，应当在专设的登记簿上登记，并由提供人员和收取人员共同签名或盖章。

⑦从外单位取得的原始凭证如有遗失，应当取得原开出单位盖有公章的证明，并注明原来凭证的号码、金额和内容等，由经办单位领导人批准后，才能代做原始凭证。如果确实无法取得证明的，如火车、轮船、飞机票等凭证，由当事人写出详细情况，由经办单位领导人批准后，代做原始凭证。

二、记账凭证

会计人员必须根据审核无误的原始凭证填制记账凭证。

（一）记账凭证的概念

记账凭证是财会部门根据审核无误的原始凭证填制，记载经济业务简要内容，确定会计分录，作为记账依据的会计凭证。

（二）记账凭证的种类

记账凭证按其用途不同，可以分为专用记账凭证和通用记账凭证。

专用记账凭证是指分类反映经济业务的记账凭证。按其反映经济业务的内容不同，又可以分为收款凭证、付款凭证和转账凭证。

收款凭证是指用于记录现金和银行存款收款业务的记账凭证。

付款凭证是指用于记录现金和银行存款付款业务的记账凭证。

转账凭证是指用于记录不涉及现金和银行存款业务的记账凭证。

注意：对于涉及"现金"与"银行存款"的经济业务，为避免重复记账，一般只编制付款凭证，不编制收款凭证。

通用记账凭证是指适用于所有经济业务的格式统一的记账凭证。

各单位主要根据本单位会计业务量的多少和会计人员的习惯选择使用通用记账凭证或专用记账凭证。

（三）记账凭证的基本要素

记账凭证的内容必须包含以下几项。

①填制凭证的日期。
②凭证编号。
③经济业务摘要。
④会计科目。
⑤金额。
⑥所附原始凭证张数。
⑦填制凭证人员、稽核人员、记账人员、会计机构负责人、会计主管人员的签名或盖章。收款和付款记账凭证还应当由出纳人员签名或盖章。

（四）记账凭证的填写规范

①会计人员要根据审核无误的原始凭证和原始凭证汇总表填制记账凭证。记账凭证可以根据每一张原始凭证填制，或者根据若干张同类原始凭证汇总填制，也可以根据原始凭证汇总表填制。但不得将不同内容和类别的原始凭证汇总填制在一张记账凭证上，否则经济业务的具体内容不清楚，难以填写摘要，会计科目也因没有明确的对应关系而看不清经济业务的来龙去脉，这样填制记账凭证，不仅凭证自身记录不清楚，也容易造成会计账簿记录的错误，给记账、算账人员带来困难。

②记账凭证日期应以财会部门受理会计事项的日期为准，年、月、日应写全。

③记账凭证编号可按月顺序编号。各单位可对专用记账凭证采用三类编号法或采用五类编号法，也可对通用记账凭证采用总字编号法，但采用哪种编号方法一经确定，在一个会计年度内不允许任意更改。

如果一项经济业务涉及一借多贷或一贷多借，一张凭证不够时，还可采用分数编号法编写。

三类编号法是对专用记账凭证的编号方法，指将专用记账凭证分为收、付、转三类按月分别编号。例如，5月份编制4张记账凭证，依次是现金收款凭证、现金付款凭证、转账凭证、银行存款付款凭证，则其编号依次为收1、付1、转1、付2。

五类编号法是对专用记账凭证的编号方法，指将专用记账凭证分为现收、银收、现付、银付、转五类按月分别编号。例如，5月份编制4张记账凭证，依次是现金收款凭证、现金付款凭证、转账凭证、银行存款付款凭证，则其编号依次为现收1、现付1、转1、银付1。

总字编号法是对通用记账凭证的编号方法，指对通用记账凭证按月依次编号，如5月份编制4张通用记账凭证，则其编号依次为1、2、3、4。

④记账凭证摘要应简明扼要，说明问题，一般应符合以下几点要求。

第一，现金、银行存款的收付款项应写明收付对象、结算对象、支票号码和款项主要内容。

第二，财产、物资收付事项应写明物资名称、单位、规格、数量、收付单位。

第三，往来款项要写明对方单位和款项内容。

第四，财物损溢事项应写明发生的时间、内容。

第五，待决待处理事项应写明对象内容、发生时间。

第六，内部转账事项应写明事项内容。

第七，调整账目事项应写明被调整账目的记账凭证日期、编号及原因。

⑤填写会计科目应符合以下要求。

第一，填写记账凭证应按现行会计制度规定填写会计科目、明细科目全称，对其名称、编号、核算内容及对应关系不得任意改变，不得用科目编号或外文字母代替或简化；遇到相同会计科目的，要逐个填写会计科目全称，不得用点点代替；使用会计科目章的，要与横格底线平行盖正。

实现会计电算化的单位，也要填制汉字会计科目名称，一级会计科目编码应符合会计制度的要求。

第二，会计制度规定设置的会计科目，若单位没有相应的会计事项，可以不设。如因核算需要，需合并或增设科目应报上级主管单位批准后执行。

第三，填制会计科目分录的顺序为：先填写借方科目，后填写贷方科目。

⑥记账凭证的金额要和原始凭证或原始凭证汇总表一致。

⑦填制记账凭证，会计科目应按规定填写，科目之间不得留空，如遇有空行，应将金额栏最后一行数字到合计金额之间的空行从右上角到左下角划斜线注销。记账凭证填制完经济业务事项后，如有空行，应当自最后一笔金额数字下的空行处至合计数上的空行处划线注销。目的是堵塞漏洞，严密会计核算手续。

⑧除结账和更正错账的记账凭证可以不附原始凭证外，其他记账凭证必须附原始凭证，并注明所附原始凭证张数。所附原始凭证张数的计算，一般应以原始凭证的自然张数为准。凡是与记账凭证中的经济业务记录有关的每一张证据，都应作为原始凭证的附件。如果记账凭证中附有原始凭证汇总表，应该把所附的原始凭证和原始凭证汇总表的张数一起计入附件张数之内。但对于报销差旅费等零散票券，可以粘贴在一张纸上，作为一张原始凭证。如果一张原始凭证涉及几张记账凭证，可将原始凭证附在一张主要的记账凭证后面，并在其他记账凭证上注明附有该原始凭证的记账凭证的编号或者附原始凭证复印件。对一张原始凭证所列支出需要几个单位共同负担的，应将其

他单位负担的部分，开给对方原始凭证分割单，进行结算。原始凭证分割单必须具备原始凭证的基本内容：凭证名称、填制凭证日期、填制凭证单位名称或者填制人姓名、经办人的签名或盖章、接受凭证单位名称、经济业务内容、数量、单价、金额和费用分摊情况等。

⑨每张记账凭证只能反映一项经济业务，除少数特殊业务必须将几个会计科目填在一张记账凭证上外，不得将不同经济业务的原始凭证汇总填制在多借多贷、对应关系不清的记账凭证上。

⑩记账凭证在填制时，如果发生错误，应重新填制，不得在原始凭证上做任何更改。已经登记入账的记账凭证，发生填写错误时，应采用划线更正法、红字冲销法、补充登记法等正确的错账更正方法更正。

⑪机制记账凭证的要求。实行会计电算化的单位，机制记账凭证应当符合记账凭证的一般要求，打印出来的机制记账凭证要加盖制单人员、审核人员、记账人员、会计机构负责人、会计主管人员的印章或者签字，以加强审核，明确责任。

（五）记账凭证的装订

①装订记账凭证原则上以一张记账凭证汇总表为一册，也可分订两册或者两册以上，用分数编号；如记账凭证较少，也可将二张或三张记账凭证汇总表的记账凭证合并装订为一册，但不得跨月装订。

②如原始凭证过大，要折叠成比记账凭证略小的面积，注意装订线处的折留方法，装订后仍能展开查阅。当原始凭证过小时，可在记账凭证面积内分开均匀粘平。

③要摘掉凭证中的大头针等所有铁器。

④装订会计凭证要加封面、封底，封面有关内容都应填写，签章齐全。

⑤会计凭证装订处是凭证的左上角，一般左右宽不超过2厘米，上下长不超过2.5厘米。

⑥装订后要将装订线用纸打个三角封包，并将装订者印章盖于骑缝处，在脊背处注明年、月、日和册数的编号。

任务二　人民币大、小写金额的书写

一、理论知识

（一）小写金额的书写要求

①阿拉伯数字应一个一个地写，不得连写。

②阿拉伯金额数字前面应写人民币符号"¥"，人民币符号与阿拉伯数字之间不得留有空隙，各阿拉伯数字间也不得留有空隙。

③凡阿拉伯数字前写有人民币符号"¥"的，数字后面不再写"元"字。

④所有以元为单位的阿拉伯数字，除表示单价等情况外，一律填写到角分位。无角分的，角位和分位，可写"00"或"－"；有角无分的，分位应写"0"，不得用符号"－"代替。

（二）大写金额的书写要求

人民币大写金额有：零、壹、贰、叁、肆、伍、陆、柒、捌、玖、拾、佰、仟、万、亿、圆、角、分、整（正）。

①填空式。在原始凭证大写金额栏内预印固定的金额单位，并事先设计好空格，将金额填入相应的空格即可。

格式：

金额合计										
（大写）	万	仟	佰	拾	万	仟	佰	拾	元	角

书写要点：大写金额书写完毕，在最高位前的第一个空格用"零"字或"⊗"占位，以防止篡改数字。低位无金额的用"零"占位。

②非填空式。在原始凭证大写金额栏内不事先预印固定的金额单位，将金额数字直接填入即可。

格式：

格式1	人民币 （大写）
格式2	金额（大写）
格式3	金额（大写）

书写要点：

第一，汉字大写金额数字前面考虑是否加"人民币"字样。已印有"人民币"字样的，不加"人民币"，否则加"人民币"。

第二，汉字大写金额数字后面考虑是否加"整或正"字样。分位有金额，不加"整或正"，分位无金额，则加"整或正"。

第三，汉字大写金额数字中间考虑是否加"零"字样。元位、万位上是0的，"零"字可写可不写；非元位、非万位上是0的，零字必须写；连续有多个0的只写1个"零"字。

二、实训练习

练习小写金额的书写，在表2-4中进行操作。

表2-4

小写金额的书写

金额数字	没有数字分割线的写法	有数字分割线的写法								
		千	百	十	万	千	百	十	元	角	分
109840 元											
45623.1 元											
9621563.08 元											
89540.4 元											
7854500.09 元											
0.56 元											
800000 元											

练习大写金额的书写（填空式用两种填列方法），在表2-5中进行操作。

表2-5

大写金额的书写

序号	方法		金额 ¥505364.30								
1	填空式	金额合计（大写）	仟	佰	拾	万	仟	佰	拾	元	角	分
2	填空式	金额合计（大写）	仟	佰	拾	万	仟	佰	拾	元	角	分
3	非填空式	金额（大写）										
4	非填空式	金额（大写）										
5	非填空式	人民币（大写）										

练习大写金额的书写，在2-6中进行操作。

表 2-6

大写金额的书写

序号	小写金额	大写金额（非填空式）	大写金额（填空式）									
1	¥102000.00	人民币（大写）	仟	佰	拾	万	仟	佰	拾	元	角	分
2	¥19600.15	人民币（大写）	仟	佰	拾	万	仟	佰	拾	元	角	分
3	¥7956231.25	（大写）	仟	佰	拾	万	仟	佰	拾	元	角	分
4	¥90006.30	金额（大写）	仟	佰	拾	万	仟	佰	拾	元	角	分
5	¥0.09	金额（大写）	仟	佰	拾	万	仟	佰	拾	元	角	分
6	¥0.60	金额（大写）	仟	佰	拾	万	仟	佰	拾	元	角	分

任务三　大写日期的书写

一、理论知识

大写日期的书写要求，如表 2-7 所示。

表 2-7

大写日期的书写要求

	书写要求	正确书写	错误书写
月	月为 1、2、10 的，应在其前面加"零"字	零壹月、零贰月、零壹拾月	壹月、贰月、壹拾月
	月为 10—12 的，应在其前面加"壹"字	零壹拾月、壹拾壹月、壹拾贰月	拾月、拾壹月、拾贰月
日	日为 1—10、20、30 的，应在其前面加"零"字	零壹日……零壹拾日、零贰拾日、零叁拾日	壹日……壹拾日、贰拾日、叁拾日
	日为 10—19 的，应在其前面加"壹"字	零壹拾日、壹拾贰日……壹拾玖日	拾壹、拾贰……拾玖
年	按照公历，以中文大写数字完整书写，如 2000 年	贰零零零年	零零年、贰仟年

二、实训练习

练习大写日期的书写，在表 2-8 中进行操作。

表 2-8

大写日期的书写

序号	小写日期	大写日期		
		年	月	日
1	2014 年 1 月 21 日	年	月	日
2	2014 年 2 月 10 日	年	月	日
3	2014 年 9 月 21 日	年	月	日
4	2015 年 7 月 5 日	年	月	日
5	2015 年 6 月 30 日	年	月	日
6	2014 年 2 月 6 日	年	月	日
7	2015 年 2 月 3 日	年	月	日
8	2015 年 11 月 29 日	年	月	日
6	2015 年 10 月 20 日	年	月	日
7	2015 年 12 月 19 日	年	月	日

判断下表大写日期的书写是否正确，正确的划"√"，错误的划"×"，并将正确答案书写在"更正"栏，在表 2-9 中进行操作。

表 2-9

判断表中书写是否正确

序号	大写日期	判断正误	更正
1	壹伍年贰月零陆日		
2	贰零壹伍年贰月拾玖日		
3	贰零壹伍年零叁月拾伍日		
4	贰零壹伍年叁月壹拾五日		
5	贰零壹伍年拾壹月叁拾日		
6	贰仟年拾月贰拾日		
7	贰零零零年肆月叁拾日		
8	贰零零零年肆月伍日		

项目三　现金的管理

本项目实训中的会计主体为鑫源机械有限责任公司，该公司为增值税一般纳税人，适用增值税税率13%，有关资料如下所述。

地址及电话：沈阳市大东区大西街368号，024-4488288
开户银行及账号：建设银行大东分理处62263000748195
纳税人识别号：912203304455667788
法人代表：张涛
办公室主任：刘方
会计主管：邵为，负责审核会计凭证
会计：张新，负责编制记账凭证并登账
出纳：周福（身份证号码221230198003249615），负责库存现金与银行存款业务
材料保管员：孙小

任务一　现金管理规定

根据《现金管理暂行条例》的相关规定得知，各开户单位的库存现金要核定限额，并由其开户银行对其现金收支、使用进行监督管理。中国人民银行总行是现金管理的主管部门，各级人民银行负责对开户银行的现金管理进行监督和稽核。

开户银行负责现金管理的具体执行，对开户单位的现金收支、使用进行监督管理。

一、库存现金限额

一个单位在几家银行开户的，只能在一家银行开设现金结算账户、支取现金，并由该家银行负责核定现金库存限额和进行现金管理检查。

各开户单位的库存现金都要核定限额。库存现金限额应由开户单位提出

计划，报开户银行审批。经核定的库存现金限额，开户单位必须严格遵守。

二、现金使用范围

根据国家有关规定，开户单位可在下列范围内使用现金。
①职工工资、各种工资性津贴。
②个人劳务报酬，包括稿费和讲课费及其他专门工作报酬。
③支付给个人的各种奖金。
④各种劳保、福利费用以及国家规定的对个人的其他现金支出。
⑤收购单位向个人收购农副产品和其他物资支付的价款。
⑥出差人员必须随身携带的差旅费。
⑦结算起点以下的零星支出。
⑧确实需要现金支付的其他支出。

除以上现金使用范围所列项目外，开户单位支付给个人的款项中，支付现金每人一次不得超过 1000 元，超过限额部分，在指定的银行转为储蓄存款或以支票、银行本票支付。确需全额支付现金的，应经开户银行审查后予以支付。

三、现金收支管理

开户单位现金收支必须按下列规定办理。
①开户单位收入现金应于当日送存开户银行，当日送存确有困难的，由开户银行确定送存时间。
②开户单位支付现金，可以从本单位现金库存中支付或者从开户银行提取，不得从本单位的现金收入中直接支付（即坐支）。
需要坐支现金的单位，要事先报经开户银行审查批准，由开户银行核定坐支范围和限额。坐支单位必须在现金账上如实反映坐支金额，并按月向开户银行报送坐支金额和使用情况。
③从开户银行提取现金的，应当如实写明用途，由本单位财会部门负责人签字、盖章，并经开户银行审查批准，予以支付。
④因采购地点不确定、交通不便、抢险救灾以及其他特殊情况，办理转账结算不够方便，必须使用现金结算的单位，要向开户银行提出书面申请，由本单位财会部门负责人签字、盖章，开户银行审查批准后，予以支付现金。

各单位必须建立健全现金账目，逐笔记载现金收付，账目要日清月结，做到账款相符。

任务二　收款收据和现金缴款单

一、理论知识

（一）收款收据

适用：非经营性收、付款项，不能代替发票使用。
开具单位：收款单位。
基本联次：一式三联。
第一联：存根联，收款单位留存；
第二联：收款单位记账；
第三联：付款单位记账。
账务处理。
①收款单位（原始凭证：收款收据第二联）
借：库存现金
　贷：相关科目
②付款单位（原始凭证：收款收据第三联）
借：相关科目
　贷：库存现金

（二）现金缴款单

适用：企业将现金存入银行。
填制单位：存款单位。
基本联次：一式三联。
第一联：回单联，存款单位记账；
第二联：银行记账；
第三联：银行记账。
存款单位账务处理（原始凭证：现金缴款单）。
借：银行存款
　贷：库存现金

二、实训练习

业务1如下所述。

（一）资料

2019年10月5日，收到好运来食品有限公司张楠交来的现金900元，系好运来食品有限公司因违反合同规定而交来的罚金。

2019年10月7日，收到现金100元，系本公司一车间工人田甜交来的违章罚款。

（二）要求

请根据上述资料，以鑫源机械有限责任公司为会计主体，分别填写收款收据表3-1、表3-2。

表3-1

收 款 收 据

收款日期　年　月　日　　　　　　　　NO:00288256

付款单位（交款人）		收款单位（收款人）		收款项目	
人民币（大写）		千百十万千百十元角分		结算方式	
收款事由		经办	部门		
			人员		
上述款项照数收讫无误．收款单位财务专用章：（领款人签章）		会计主管	稽核	出纳	交款人

第二联　收款单位记账凭证

使用范围及规定：1、本收据只能用于单位内部和单位与单位、单位与个人之间的非经营性经济往来，不得代替发票、行政事业性收费等政府非税收入收据和罚没收据。2、结算方式按现金结算、银行结算和转账结算等方式分别填列。3、作废时，应加盖作废戳记，并同存根一起保存，不得自行销毁。

表3-2

收 据

年　月　日

今收到：			
收款事由：		现金	
		支票 第 号	
人民币（大写）	¥		
收款人：　　　会计：　　　交款人：			

22

业务 2 如下所述。

（一）资料

2019 年 10 月 11 日，相关原始凭证如表 3-3 所示。

表 3-3

收 款 收 据

收款日期 2019 年 10 月 11 日　　　　　　　NO:00288256

付款单位（交款人）	鑫源机械有限责任公司	收款单位（收款人）	方正公司									收款项目	押金收入
人民币（大写）	玖佰陆拾元整		千	百	十	万	千	百	十	元	角	分	结算方式
							¥	9	6	0	0	0	现金
收款事由	收到包装物押金	经办	部门										
			人员										
上述款项照数收讫无误．		会计主管		稽核			出纳			交款人			
收款单位财务专用章：（领款人签章）		杨洁		李天			王一			刘金			

（第二联　收款单位记账凭证）

（二）要求

请以鑫源机械有限责任公司为会计主体，编制记账凭证（该业务为本月第 3 笔业务），在表 3-4 中进行操作。

请以方正公司为会计主体，编制记账凭证（该业务为本月第 1 笔业务），在表 3-5 中进行操作。

表 3-4

通 用 记 账 凭 证

　　　　　　　　　　　　年　月　日　　　　　　　　　　字第　号

摘要	会计科目		借方金额										贷方金额										记账符号
	总账科目	明细科目	千	百	十	万	千	百	十	元	角	分	千	百	十	万	千	百	十	元	角	分	
附单据　　张　合计：																							

会计主管人员　　　记账　　　稽核　　　制单　　　出纳　　　交领款人

表 3-5

通用记账凭证

年　月　日　　　　　　　　　　字第　号

摘要	会计科目		借方金额									贷方金额									记账符号
	总账科目	明细科目	千	百	十	万	千	百	十	元	角	分	千	百	十	万	千	百	十	元	角	分	
附单据　张　合计：																							

会计主管人员　　　记账　　　稽核　　　制单　　　出纳　　　交领款人

业务3 如下所述。

（一）资料

2019年10月12日，鑫源机械有限责任公司将罚款收入600元存入银行。100元面值5张，10元面值10张。

（二）要求

根据上述资料填写现金缴款单表3-6。

表3-6

中国工商银行　现金缴款单

缴款日期：20　年　月　日

券种明细

券种	张数	金额
壹佰元		
伍拾元		
贰拾元		
拾元		
伍元		
贰元		
壹元		
伍角		
贰角		
壹角		
伍分		
贰分		
壹分		
合计		

| 缴款单位 | 全称 | | 账号 | |
| | 开户银行 | | | |

款项来源		百	十	万	千	百	十	元	角	分
人民币（大写）										
现金收讫		复核员　　出纳收款员								
		复核员　　记账员								

第一联：回单

业务 4 如下所述。

(一) 资料

2019 年 10 月 12 日，鑫源机械有限责任公司的相关原始凭证，如表 3-7 所示。

表 3-7

券种明细			中国工商银行 现 金 缴 款 单				
券种	张数	金额	缴款日期：2019 年 10 月 12 日				
壹佰元	8	800					
伍拾元			缴款单位	全 称	鑫源机械有限责任公司	账号	62263000748195
贰拾元	1	20		开户银行	建设银行大东分理处		
拾元	3	30		款项来源	销货款	百十万千百十元角分	
伍元							
贰元				人民币（大写）	捌佰伍拾元整	¥ 8 5 0 0 0	
壹元							
伍角							
贰角			现金收讫	（核算专用章 2019.10.12）	复核员 复核员	出纳收款员 记 账 员	
壹角							
伍分							
贰分							
壹分							
合计	12	850					

(二) 要求

编制记账凭证（该业务为本月第 10 笔业务），在表 3-8 中进行操作。

表 3-8

通用记账凭证

　　　　　　　　　　　　年　月　日　　　　　　　　　字第　号

摘要	会计科目		借方金额									贷方金额									记账符号
	总账科目	明细科目	千	百	十	万	千	百	十	元	角	分	千	百	十	万	千	百	十	元	角	分	
附单据　　张　合　计：																							

会计主管人员　　　记账　　　稽核　　　制单　　　出纳　　　交领款人

任务三　借款单和出差旅费报销单

一、理论知识

（一）原始凭证

1．借款单

适用：企业内部有关部门或个人因公事借款。

填制单位：借款部门或个人。

基本联次：一式三联。

第一联：存根联，借款人记账；

第二联：会计结算凭证，报销时记账；

第三联：会计记账凭证，借款时记账。

2．出差旅费报销单

适用：企业内部有关部门或个人出差回来报销差旅费。

填制单位：出差人。

基本联次：单联式。

（二）账务处理

预借差旅费时（原始凭证：借款单第三联）。

借：其他应收款——借款人名称

贷：库存现金

报销差旅费时（原始凭证：借款单第二联或收款收据、差旅费报销单）。

借：相关费用

贷：其他应收款——借款人名称

　　库存现金（或借：库存现金）

二、实训练习

业务 1 如下所述。

（一）资料

2019 年 10 月 14 日，公司办公室职员李可到上海参加业务洽谈会，经批准预借差旅费 6800 元，财务人员审核后付给现金，出差天数为 7 天。

（二）要求

填写借款单并编制记账凭证（该业务为本月第 7 笔业务），在表 3-9、表 3-11

中进行操作。

表 3-9

借 款 单（记账）
年　月　日

借款单位	*	姓名	*	级别	*	出差地点	*	第三联　借款记账凭证
						天　数	*	
事由			借款金额（大写）	*		¥		
部门负责人签署		借款人签署				注意事项	一、有※者由借款人填写 二、凡借用公款必须使用本单 三、第三联为正式借据由借款人和单位负责人签章 四、出差返回有三天内结算	
单位负责人签署		审核意见						

这样的"借款单"（如表 3-10 所示），你会填吗？

表 3-10

借款单

借款人		部门		职务	
借款事由					
借款金额	人民币（大写）			¥	
出纳			经手人		

表 3-11

通 用 记 账 凭 证
年　月　日　　　　　　　　字第　号

摘要	借方科目		贷方科目		金额										记账符号
	总账科目	明细科目	总账科目	明细科目	千	百	十	万	千	百	十	元	角	分	
附单据　　　　张			合　计												

会计主管人员　　　　记账　　　　稽核　　　　制单　　　　出纳　　　　交领款人

业务 2 如下所述。

（一）资料

2019 年 10 月 16 日，办公室李想去大连参加商品交易会回来报销差旅费，其中：动车票 2 张（去：锦州 - 大连 184 元，10 月 12 日 8：06-10：36；返：大连 - 锦州 184 元，10 月 15 日 17：10-19：42）；出租车票 7 张，共计 245 元；宿费发票 1 张，金额 880 元；出差补助 180 元/天（原预借差旅费 2000 元）。

（二）要求

填写出差旅费报销单表 3-12。

表 3-12

出差旅费报销单

辽财会账证 50 号

单位：　　　　　　　　　　　　　　　　　　　　　　　　　　年　月　日填

月	日	时间	出发地	月	日	时间	到达地	机票费	车(船)费	卧铺费	夜行车补助		市内交通费		宿费			出差补助		其他	合计
											小时	金额	实支	包干	标准	实支	提成扣减	天数	金额		
合计																					

出差任务		报销金额（大写）	人民币：仟 佰 拾 圆 角 分		预借金额	
		单位领导	部门负责人	出差人	报销金额	
					结余或超支	

会计主管人员　　　　　　　记账　　　　　审核　　　附单据　　张

业务 3 如下所述。

（一）资料

2019 年 10 月 16 日，有关原始凭证如表 3-13 所示。

表 3-13

借 款 单（结算）

2019 年 10 月 16 日

借款单位	*销售部	姓名	*龚亮	级别	*科员	出差地点	*天津
						天 数	*5
事由	开展销会		借款金额（大写）	*人民币壹仟贰佰元整			¥1200.00
部门负责人签署	丹青		借款人签署	龚亮	注意事项	一、有※者由借款人填写 二、凡借用公款必须使用本单 三、第三联为正式借据由借款人和单位负责人签章 四、出差返回有三天内结算	
单位负责人签署	张涛		审核意见	邹为			

第三联 借款记账凭证

（二）要求

编制记账凭证（该业务为本月第 11 笔业务），在表 3-14 中进行操作。

表 3-14

通用记账凭证

年　月　日　　　　　　　　　　　　　　　　字第　号

摘要	借方科目		贷方科目		金额										记账符号
	总账科目	明细科目	总账科目	明细科目	千	百	十	万	千	百	十	元	角	分	
附单据　　　张				合　计											

会计主管人员　　　记账　　　稽核　　　制单　　　出纳　　　交领款人

业务 4 如下所述。

（一）资料

2019 年 10 月 17 日，相关原始凭证如表 3-15 所示。

表 3-15

出差旅费报销单

辽财会账证 50 号
单位：办公室
2019 年 10 月 17 日填

月	日	时间	出发地	月	日	时间	到达地	机票费	车(船)费	卧铺费	夜行车补助 小时	夜行车补助 金额	市内交通费 实支	市内交通费 包干	宿费 标准	宿费 实支	宿费 提成扣减	出差补助 天数	出差补助 金额	其他	合计
10	12	8时	沈阳市	10	12	10时	大连市	100						230		475		5	75		880
10	16	20时	大连市	10	16	22时	沈阳市	100													100
		合计						200						230		475			75		980

出差任务	开会	报销金额（大写）	人民币：零仟玖佰捌拾零圆零角零分	预借金额	1000
		单位领导 张涛	部负责人 刘方	报销金额	980
			出差人 张光	结余或超支	20

会计主管人员 邰为　记账 张新　审核 邰为　附单据 13 张

（二）要求

编制记账凭证（该业务为本月第 10 笔业务），在表 3-16 中进行操作。

表 3-16

通用记账凭证

年　月　日　　　　　　　　　　　　　字第　号

摘要	借方科目		贷方科目		金额										记账符号
	总账科目	明细科目	总账科目	明细科目	千	百	十	万	千	百	十	元	角	分	
附单据　　张			合　计												

会计主管人员　　记账　　稽核　　制单　　出纳　　交领款人

任务四　现金清查

一、理论知识

在实际工作中，现金的收付频繁、业务量大，错误率和风险性都很高，因此，应定期将库存现金的账面余额与实际库存金额进行核对，以做到账实相符。

（一）库存现金盘点报告表

每日营业终了，出纳员首先结出当天库存现金日记账的余额，再盘点库存现金的实存数，核对两者是否相符。库存现金的盘点一般采用实地盘点法，清查完毕后，根据盘点的结果同库存现金日记账核对，填制"库存现金盘点报告表"。

对于库存现金的盘点结果，应根据情况分别处理。

①属于记账差错的应及时予以更正。

②不属于记账差错的，将库存现金的账存数调整为实存数，并查明原因，根据处理意见进行账务处理。

（二）账务处理

1. 现金长款（盘盈）

若发现现金长款，报经批准前（原始凭证：库存现金盘点报告表）。

借：库存现金
　贷：待处理财产损溢——待处理流动资产损溢

经有关部门批准后（原始凭证：有关部门批准意见）。

借：待处理财产损溢——待处理流动资产损溢
　贷：其他应付款（有主款项）
　　　营业外收入（无主款项）

2. 现金短款（盘亏）

若发现现金短款，报经批准前（原始凭证：库存现金盘点报告表）。

借：待处理财产损溢——待处理流动资产损溢
　贷：库存现金

经有关部门批准后（原始凭证：有关部门批准意见）。

借：其他应收款（应由责任人赔偿的）
　　管理费用（未查明原因的）
　贷：待处理财产损溢——待处理流动资产损溢

二、实训练习

业务 1 如下所述。

（一）资料

2019 年 10 月 21 日，审计部门张天对库存现金进行清查，如表 3-17 所示。

表 3-17

库存现金盘点报告表

2019 年 10 月 21 日

实存金额	账存金额	对比结果		备注
		盘盈	盘亏	
5610	5690		80	原因待查
盘点人（签章） 张天			出纳员（签章） 周福	

（二）要求

编制记账凭证（该笔业务为本月第 21 笔业务），在表 3-18 中进行操作。

表 3-18

通用记账凭证

年　月　日　　　　　　　　　　　字第　号

摘要	借方科目		贷方科目		金额									记账符号
	总账科目	明细科目	总账科目	明细科目	千	百	十	万	千	百	十	元	角	分	
附单据　　　张			合　　计												

会计主管人员　　　记账　　　稽核　　　制单　　　出纳　　　交领款人

业务 2 如下所述。

（一）资料

2019 年 10 月 23 日，财务部刘维对库存现金进行清查，如表 3-19 所示。

表 3-19

库存现金盘点报告表

2019 年 10 月 23 日

实存金额	账存金额	对比结果		备注
		盘盈	盘亏	
3450	3120	330		转作营业外收入

盘点人（签章） 刘雅　　　　　　　出纳员（签章） 周福

（二）要求

编制记账凭证（该笔业务为本月第 23 笔业务），在表 3-20、表 3-21 中进行操作。

表 3-20

通用记账凭证

年　月　日　　　　　　　　　　　字第　号

摘要	借方科目		贷方科目		金额										记账符号
	总账科目	明细科目	总账科目	明细科目	千	百	十	万	千	百	十	元	角	分	

附单据　　　张　　　　　　合　计

会计主管人员　　　记账　　　稽核　　　制单　　　出纳　　　交领款人

表 3-21

通用记账凭证

年　月　日　　　　　　　　　　　字第　号

摘要	借方科目		贷方科目		金额										记账符号
	总账科目	明细科目	总账科目	明细科目	千	百	十	万	千	百	十	元	角	分	

附单据　　　张　　　　　　合　计

会计主管人员　　　记账　　　稽核　　　制单　　　出纳　　　交领款人

任务五　认识人民币，抵制假币

一、人民币发展历程

第一套人民币1948年12月1日–1953年12月陆续发行，共12种面额、62种版别。其中，1元券2种，5元券4种，10元券4种，20元券7种，50元券7种，100元券10种，200元券5种，500元券6种，1000元券6种，5000元券5种，10000元券4种，50000元券2种（1949年发行的正面万寿山图景100元券和正面列车图景50元券各有两种版别）。

第二套人民币1955年3月1日–1962年4月20日陆续发行。1955年2月21日国务院发布命令，决定由中国人民银行自1955年3月1日起发行第二套人民币，收回第一套人民币。

第三套人民币1962年4月20日–1974年1月5日陆续发行。当时，中国经过了连续三年经济困难时期，在党中央以"调整、巩固、充实、提高"八字方针指引下，克服重重困难，大力发展生产。

第四套人民币1987年4月27日–1998年9月22日陆续发行。第四套人民币是在经济发展、商品零售额增加、货币需要量增加的情况下发行的。

第五套人民币1999年9月28日以后发行。改革开放以来，随着社会主义市场经济持续、健康、快速发展，社会对现金的需求量也日益增大。第四套人民币的设计、印制囿于当时的条件，本身存在一些不足之处，如防伪措施简单，不利于人民币反假；缺少机读性能，不利于钞票自动化处理；等等。凡此种种，都要求适时发行新版人民币。

二、人民币的鉴定与残币兑换

（一）第五套人民币防伪措施

①水印。人民币100元、50元为毛泽东人头像固定水印，20元为荷花固定水印，10元为玫瑰花，5元为水仙花，1元为兰花。2005版在冠号下方有白水印面额数字。

②红、蓝彩色纤维。在第五套人民币1999版100元、50元、20元、10元、5元的票面上，可看到纸张中有红色和蓝色纤维（2005版取消此防伪特征）。

③安全线。第五套人民币1999版100元、50元为磁性微文字安全线，20元为明暗相间的磁性安全线，10元、5元为全息磁性开窗安全线。2005版第五套人民币为全息磁性开窗安全线，50元和100元的窗开在背面，20元、10元、5元开在正面。

④手工雕刻头像。第五套人民币所有面值纸币正面主景毛泽东同志建国初期头像,均采用手工雕刻凹版印刷工艺,形象逼真、传神,凹凸感强。

⑤隐形面额数字。第五套人民币各面值纸币正面右上方有一装饰图案,将票面置于与眼睛接近平行的位置,面对光源做平面旋转45度或90度角,可看到面额阿拉伯数字字样。

⑥光变面额数字。第五套人民币100元正面左下方用新型油墨印刷了面额数字"100",当与票面垂直观察时为绿色,而倾斜一定角度则变为蓝色。50元的面额数字则可由金色变成绿色。

⑦阴阳互补对印图案。第五套人民币正面左下角和背面右下方各有一圆形局部图案,透光观察,正背图案组成一个完整的古钱币图案。2005版100元、50元的互补图案在左侧水印区的右缘中部。

⑧雕刻凹版印刷。第五套人民币"中国人民银行"行名、面额数字、盲文面额标记等均采用雕刻凹版印刷,用手指触摸有明显凹凸感。1999版1元和2005版各面值正面主景图案右侧,有一组自上而下规则排列的线纹,采用雕刻凹版印刷工艺印制,用手指触摸,有极强的凹凸感。

⑨号码(凸印)。第五套人民币1999版100元、50元均为横竖双号码,横号均为黑色,竖号分为蓝色和红色;其余面额为双色横号码,号码左半部分为红色,右半部分为黑色。2005版100元、50元为双色异型横号码,中间大两边小。

⑩胶印缩微文字。第五套人民币100元、50元、20元、10元等面额纸币印有胶印缩微文字"RMB100""RMB50""RMB20""RMB10"等字样,大多隐藏在花饰中。

⑪专用纸张。第五套人民币采用特种原材料、由专用抄造设备抄制的印钞专用纸张印制,在紫外光下无荧光反应。较新的纸币在抖动时,会发出清脆的响声。

⑫变色荧光纤维。第五套人民币在特定波长的紫外光下可以看到纸张中随机分布有黄色和蓝色荧光纤维。

⑬无色荧光图案。第五套人民币各券别在正面行名下方胶印底纹处,在特定波长的紫外光下可以看到面额阿拉伯数字字样,该图案采用无色荧光油墨印刷,可供机读。

⑭有色荧光图案。第五套人民币100元背面主景上方椭圆形图案中的红色纹线,在特定波长的紫外光谱下显现明亮的橘黄色;20元券背面的中间部分在特定波长的紫外光谱下显现绿色荧光图案;50元券背面在紫外光谱下也会显现图案。

⑮胶印接线印刷。第五套人民币100元正面左侧的中国传统图案是用胶印接线技术印刷的，每根线均由两种以上的颜色组成。

⑯凹印接线印刷。第五套人民币100元背面面额数字"100"、20元正面左侧面额数字"20"是采用凹印接线技术印刷的，两种墨色对接自然完整。

⑰凹印缩微文字。第五套人民币在正面右上方装饰图案中印有凹印缩微文字，在放大镜下，可看到"RNB100""RMB50"等与面值对应的字样。背面左下角最大的面额数字中间，布满了小的白色面额数字。在其右方的数条平行线，上边几条由连续的"RMB"组成，最下面一条由连续的"人民币"字样组成。

⑱磁性号码。用特定的检测仪检测，100元、50元的黑色横号码和20元、10元、5元的双色横号码的黑色部分以及各面额人民币的安全线有磁性，可供机读。

⑲浮雕隐形文字。第五套人民币各面值大多包含浮雕隐形文字，位置有的在人像两侧，有的在背面顶部或底部，如100元的为"RMB100"字样。

（二）人民币的鉴定

1. 鉴定人民币纸币的方法

鉴定人民币纸币的真伪，通常采用"一看、二摸、三听、四测"的方法。一看如下所述。

第一，看水印，如图3-1所示。

   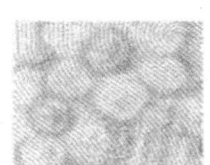

100、50元人像水印　　20元荷花水印　　10元月季花水印　　5元水仙花水印

图3-1　人民币水印

第二，看安全线，如图3-2所示。

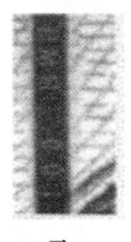 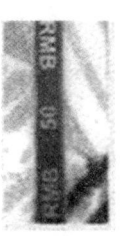 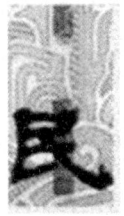  

100元　　50元　　20元　　10元　　5元

图3-2　人民币安全线

第三，看光变油墨，如图 3-3 所示。

100 元光变油墨印刷（绿变蓝）　　　　　　50 元光变油墨印刷（金变绿）

图 3-3　人民币光变油墨

第四，看票面图案是否清晰，色彩是否鲜艳，对接图案是否可以对接上，如图 3-4 所示。阴阳互补对印图案应用于 100 元、50 元和 10 元券中。

图 3-4　人民币票面图案

第五，用 5 倍以上放大镜观察票面，看图案线条、缩微文字是否清晰干净。100 元缩微文字为"RMB"和"RMB100"，50 元缩微文字为"50"和"RMB50"，20 元缩微文字为"RMB20"，10 元缩微文字为"RMB10"，5 元缩微文字为"RMB5"和"5"字样，如图 3-5 所示。

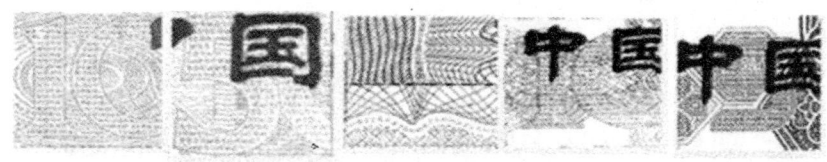

100 元缩微文字　　50 元缩微文字　　20 元缩微文字　　10 元缩微文字　　5 元缩微文字

图 3-5　人民币缩微文字

二摸是指摸人像、盲文点、中国人民银行行名等处是否有凹凸感。第五套人民币纸币各券别正面主景均为毛泽东头像，采用手工雕刻凹版印刷工艺，形象逼真、传神，凹凸感强，易于识别，如图 3-6 所示。

图 3-6 人民币凹凸感

三听是指通过抖动钞票使其发出声响,根据声音分辨人民币的真伪。人民币的纸张,具有挺括、耐折、不易撕裂的特点。手持钞票用力抖动、手指轻弹或两手一张一弛轻轻对称拉动,能听到清脆响亮的声音。

四测是指借助一些简单的工具和专用的仪器分辨人民币的真伪。例如,借助放大镜可以观察票面线条清晰度、胶、凹印缩微文字等;用紫外灯光照射票面,可以观察钞票纸张和油墨的荧光反应;用磁性检测仪可以检测黑色横号码的磁性,如图 3-7、图 3-8、图 3-9、图 3-10 所示。

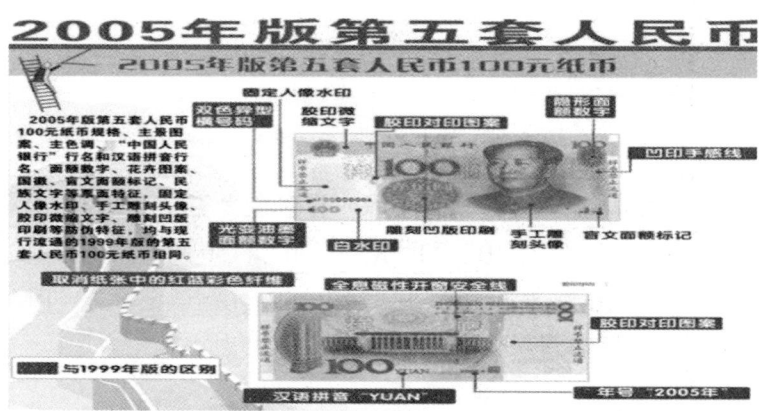

图 3-7 人民币 100 元的鉴定

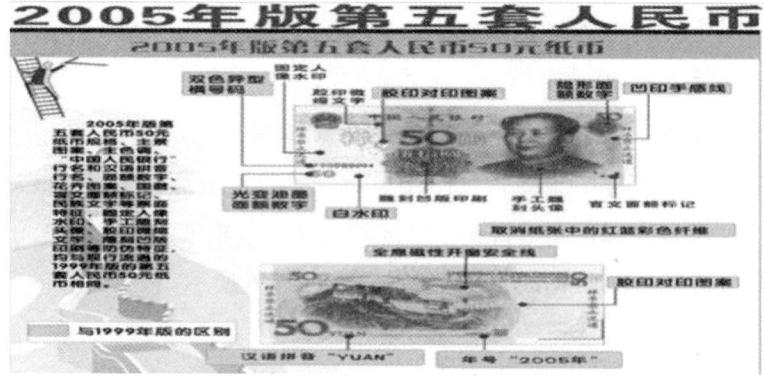

图 3-8 人民币 50 元的鉴定

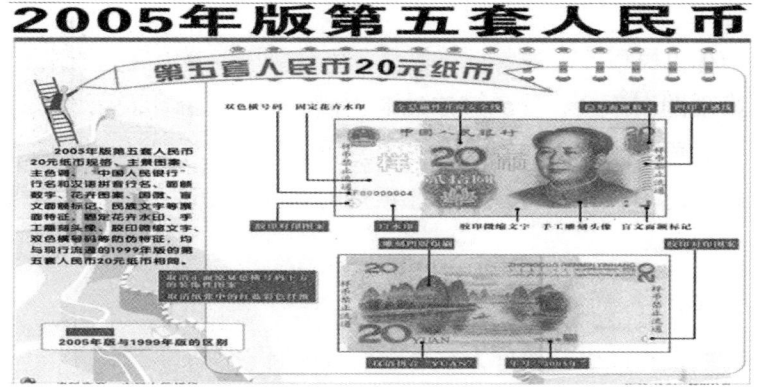

图 3-9　人民币 20 元的鉴定

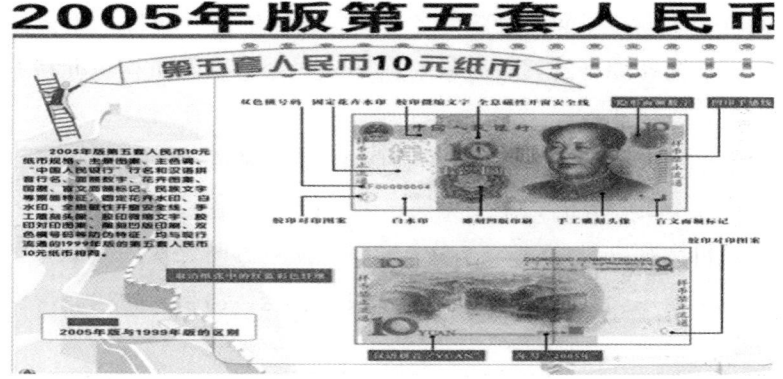

图 3-10　人民币 10 元的鉴定

2. 鉴定人民币硬币的方法

①掂重或称重。

②尺量鉴别。

③表面花纹鉴定。

④物理化学实验鉴定。

（三）爱护人民币

任何单位和个人都应当爱护人民币，禁止损害人民币和妨碍人民币流通。在使用人民币时应注意以下事项。

①收付现钞时不要乱揉乱折，清点存放时要平铺整齐。

②不要在票面上乱写乱画。

③在容易弄脏、损坏人民币票面的场所要使用收付款工具。

④用机具收付款时，应注意避免损伤人民币。

⑤防止化学药物对人民币的侵蚀，在生活中不要将肥皂、洗涤剂与人民

币放在一起。

⑥对破坏人民币的行为要批评教育，故意破坏者要追究其法律责任。

⑦凡发现图案不全、墨色过浓过淡、裁切偏斜、漏印花纹、水印位置偏斜或倒置、无色荧光油墨显示不清、重号等人民币，应就近到中国人民银行或中国人民银行授权的国有独资商业银行的业务机构进行鉴定，真币按面额兑换。

（四）残损人民币的兑换

残缺、污损人民币兑换分为"全额""半额"两种情况。

①能辨别面额，票面剩余四分之三（含四分之三）以上，其图案、文字能按原样连接的残缺、污损人民币，金融机构应向持有人按原面额全额兑换。

②能辨别面额，票面剩余二分之一（含二分之一）以上、四分之三以下，其图案、文字能按原样连接的残缺、污损人民币，金融机构应向持有人按原面额的一半兑换。

③纸币呈正十字形缺少四分之一的，按原面额的一半兑换。

④兑付额不足一分的，不予兑换；五分按半额兑换的，兑付二分。

⑤金融机构在办理残缺、污损人民币兑换业务时，应向残缺、污损人民币持有人说明认定的兑换结果。不予兑换的残缺、污损人民币，应退回原持有人。

项目四　银行存款的管理

本项目实训中的会计主体除特殊说明外，均为鑫源机械有限责任公司，该公司为增值税一般纳税人，适用增值税税率13%，有关资料如下：

地址及电话：沈阳市大东区大西街368号，024-4488288

开户银行及账号：建设银行大东分理处 62263000748195

纳税人识别号：912203304455667788

法人代表：张涛

办公室主任：刘方

会计主管：邵为，负责审核会计凭证

会计：张新，负责编制记账凭证并登账

出纳：周福（身份证号码221230198003249615），负责库存现金与银行存款业务

材料保管员：孙小

任务一　银行存款管理规定

为保证银行存款收付准确、使用合法，各单位应严格按照国家金融法律、法规办理银行存款的各项业务。

企业应依据国家有关规定开立银行账户，用于办理结算业务、资金信贷和现金收付。企业银行账户开户工作统一由财务部门负责，日常管理也由财务部门指定专人负责。在银行开立的账户，只供本企业业务经营范围的资金收付，不准出租、出借或转让给其他单位或个人使用。

一、企业银行账户的种类及功能

（一）基本存款账户

基本存款账户是指办理企业日常转账结算与现金支付的账户，如日常经营活动的资金支付，工资、奖金等现金支取等。

（二）一般存款账户

一般存款账户是指办理企业的借款转存、借款归还和其他结算的账户，此账户只可办理现金缴存，不可办理现金支付。

（三）临时存款账户

临时存款账户是指办理临时机构或存款人临时经营活动发生的资金收付的账户，此账户在国家现金管理规定范围内可办理现金支取。

（四）专用存款账户

专用存款账户是指企业为管理和使用特定用途的资金开设的。

对于银行账户的账号必须保密，非因业务需要不准外泄。财务部门应定期检查银行账户开设及使用情况，对不再需要使用的账户，及时清理销户。

二、企业开设账户的审批程序

①出纳申请。
②财务主管核准。
③总经理审批。

三、银行票据的使用

根据业务的需要，企业可以选用银行本票、支票、汇票、委托收款或托收承付等结算方式进行银行结算。

任务二　支票业务

一、理论知识

（一）认识支票

现金支票是开户单位向开户银行提取现金的凭证，如图4-1、图4-2所示。

中国工商银行 现金支票存根 00000146 附加信息 出票日期　　年　月　日 收款人： 金额： 用途： 单位主管　　会计	付款期限自出票之日起十天	**中国工商银行 现 金 支 票**　　00000146 出票日期（大写）　年　月　日　付款行名称： 收款人：　出票人账号： 人民币（大写）　亿 千 百 十 万 千 百 十 元 角 分 用途　　　密码 上列款项请从 我账户内支付 出票人签章　　复核　　记账

图 4-1　现金支票正面

附加信息：	收款人签章 年　月　日 身份证件名称：　　发证机关： 号码

图 4-2　现金支票背面

转账支票主要用于同城单位之间的商品交易、劳务供应或其他款项往来的结算，不得支取现金，如图 4-3、图 4-4 所示。

中国工商银行 转账支票存根 00000247 附加信息 出票日期　　年　月　日 收款人： 金额： 用途： 单位主管　　会计	付款期限自出票之日起十天	**中国工商银行 转 账 支 票**　　00000247 出票日期（大写）　年　月　日　付款行名称： 收款人：　出票人账号： 人民币（大写）　亿 千 百 十 万 千 百 十 元 角 分 用途　　　密码 上列款项请从　　行号 我账户内支付 出票人签章　　复核　　记账

图 4-3　转账支票正面

附加信息:	被背书人	被背书人
	背书人签章 年 月 日	背书人签章 年 月 日

图 4-4 转账支票背面

（二）支票的概念

支票是出票人签发的，委托办理支票存款业务的银行见票时无条件支付确定的金额给收款人或持票人的票据。

出票人是指签发支票者，必须是在银行开立存款账户的单位或个人，即付款单位或个人。

持票人是指收到支票者，即收款单位或个人。

（三）支票结算的基本规定

①支票由出纳负责保管和签发。
②支票一律记名。
③出票日期一律大写。
④金额起点为 100 元。
⑤签发支票应使用黑墨水，用钢笔或碳素笔填写，必须加盖预留银行印鉴。
⑥签发人必须在银行账户余额内签发支票，不得签发空头支票，否则银行不予受理，并处以罚款。
⑦转账支票可以背书转让，已签发的现金支票遗失，可以向银行申请挂失，已签发的转账支票遗失，银行不受理挂失。
⑧不得签发超出时间规定的支票，即远期或过期支票。
⑨不得将支票交由收款公司或个人代为签发。
⑩不得签发印鉴不全、不符合规定的支票。
⑪不得出租、出借支票或将支票转让给其他公司或个人使用。
⑫不得将支票用作抵押。

（四）支票的基本联次

支票分左右两部分，左边为支票存根联，签发单位作为记账用的原始凭证；右边为支票联，由签发单位交给收款单位，由收款单位送交银行。

（五）支票结算程序

1. 现金支票

①付款人签发现金支票，将存根联留下记账，将支票联交给收款人。

②收款人持现金支票支票联向付款人开户银行提取现金。

2. 转账支票

①付款人签发转账支票，将存根联留下记账，将支票联交给收款人。

②收款人持转账支票支票联并填银行进账单到开户银行办理进账业务。

③银行间划转款项。

④收款人开户银行通知收款人收款。

（六）账务处理

1. 现金支票

签发现金支票（原始凭证：现金支票存根联）。

借：库存现金

贷：银行存款

2. 转账支票

签发转账支票（原始凭证：转账支票存根联）。

借：相关科目

贷：银行存款

收到转账支票（原始凭证：银行进账单收账通知联）。

借：银行存款

贷：相关科目

> **链接：银行进账单**
> 适用：企业将收到的转账支票、银行汇票、银行本票送存银行时填写。
> 基本联次：一式三联。
> 第一联：回单联，银行交给收款人作为银行受理凭证。
> 第二联：银行留存，作为划转款项的凭证和银行记账的凭证。
> 第三联：收账通知联，收款单位作为记账用的原始凭证。
> 银行进账单与现金缴款单的区别如下所述。
> ①银行进账单，强调企业存入银行的是银行票据（转账支票、银行汇票、银行本票）。
> ②现金缴款单，强调企业存入银行的是现金。

二、实训练习

业务 1 如下所述。

（一）资料

① 2019 年 10 月 12 日，签发现金支票提取现金 113489.00 元，备用。
② 2019 年 10 月 12 日，签发转账支票 20400.00 元，偿还前欠 A 公司货款。
A 公司基本资料：
开户银行及账号：工商银行万通支行，458763
会计主管：李枫，负责审核会计凭证
出纳：池诚

（二）要求

根据资料①，填写现金支票并编制记账凭证（采用三类编号法，该业务为本月第 10 笔业务），在图 4-5、图 4-6、表 4-1 中进行操作。

根据资料②，以鑫源机械有限责任公司为会计主体，填写转账支票并编制记账凭证（采用三类编号法，该业务为本月第 12 笔业务），在图 4-7、图 4-8、表 4-2 中进行操作。

根据资料②，以 A 公司为会计主体，填写银行进账单并编制记账凭证（采用三类编号法，该业务为本月第 16 笔业务），在表 4-3、表 4-4 中进行操作。

图 4-5 现金支票正面

图 4-6 现金支票背面

表 4-1

付款记账凭证

贷方科目　　　　　　　　　　年　月　日　　　　　　　　字第　号

摘要	结算方式	票号	借方科目		金额									记账符号
			总账科目	明细科目	千	百	十	万	千	百	十	元	角	分	
附单据　　张			合　计												

中国工商银行 转账支票存根 00000247 附加信息 出票日期　年　月　日 收款人： 金额： 用途： 单位主管　　会计	中国工商银行 转 账 支 票　　00000247 出票日期（大写）　　年　月　日　　付款行名称： 收款人：　　　　　　　　　　　　　出票人账号： 付款期限自出票之日起十天　人民币（大写）　　　　　　　　　亿千百十万千百十元角分 用途　　　　　　　　　　　密码 上列款项请从　　　　　　　　行号 我账户内支付 出票人签章　　　　　　　复核　　　　记账

图 4-7　转账支票正面

附加信息：	被背书人	被背书人
	背书人签章 年　月　日	背书人签章 年　月　日

图 4-8　转账支票背面

表 4–2

付款记账凭证

贷方科目					年　月　日										字第　号
摘要	结算方式	票号	借方科目		金额										记账符号
			总账科目	明细科目	千	百	十	万	千	百	十	元	角	分	
附单据　　　张			合　计												

表 4–3

ICBC 中国工商银行 进账单（收账通知）3

年　月　日　　　　　　　　　　　No1982327

出票人	全称			收款人	全称										此联是收款人开户银行交给收款人的收账通知
	账号				账号										
	开户银行				开户银行										
金额	人民币（大写）					亿	千	百	十	万	千	百	十	元	角	分
票据种类		票据张数													
票据号码															
备注：				复核：　　　　　记账：											

表 4–4

收款记账凭证

借方科目					年　月　日										字第　号
摘要	结算方式	票号	贷方科目		金额										记账符号
			总账科目	明细科目	千	百	十	万	千	百	十	元	角	分	
附单据　　　张			合　计												

操作指南

> **专用记账凭证**
> 格式：
> 　收款凭证，借方只有一个会计科目，且该会计科目为"库存现金"或"银行存款"。
> 　付款凭证，贷方只有一个会计科目，且该会计科目为"库存现金"或"银行存款"。
> 　转账凭证，借、贷方会计科目均没有"库存现金"和"银行存款"。
> 编号方法：
> 　五类编号法和三类编号法。

业务 2 如下所述。

（一）资料

2019 年 10 月 15 日，相关原始凭证如图 4-9、图 4-10 所示。

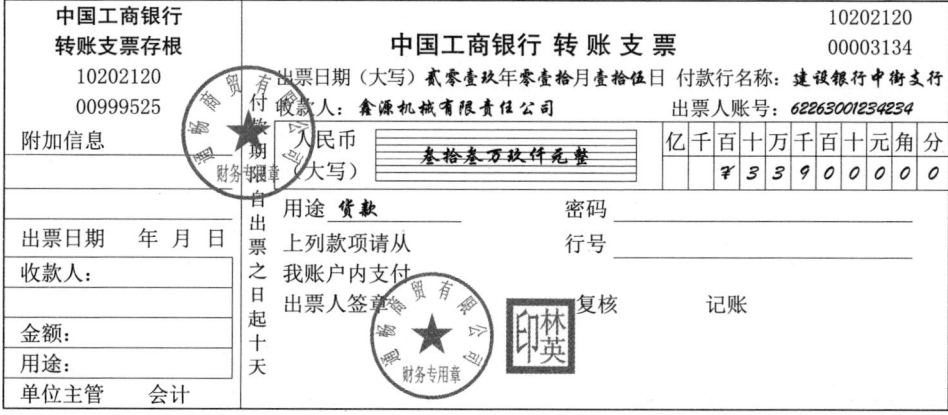

图 4-9　增值税专用发票

图 4-10　转账支票

（二）要求

填写银行进账单表4-5。

编制记账凭证（采用五类编号法，该业务为本月第13笔业务），在表4-6中进行操作。

表4-5

ICBC 中国工商银行 进账单（收账通知）3

出票人	全称			收款人	全称			年 月 日									No198234
	账号				账号												此联是收款人开户银行交给收款人的收账通知
	开户银行				开户银行												
金额	人民币（大写）							亿	千	百	十	万	千	百	十	元	角 分
票据种类		票据张数															
票据号码																	
备注：						复核：				记账：							

表4-6

收款记账凭证

借方科目　　　　　　　　　年　月　日　　　　　　　　字第　号

摘 要	结算方式	票号	贷方科目		金额									记账符号
			总账科目	明细科目	千	百	十	万	千	百	十	元	角	分	
附单据	张		合计												

任务三　银行本票业务

一、理论知识

（一）认识银行本票

银行本票的样式，如图 4-11 所示。

```
┌─────────────────────────────────────────────────────────────────┐
│ 提          中国人民银行  本  票              10202180          │
│ 示                                            20100000          │
│ 付  出票日期（大写）    年   月   日                            │
│ 款  收款人：            申请人：                                │
│ 期  凭票即付  人民币  ┌──────────────┐  亿千百十万千百十元角分 │
│ 限          （大写）  └──────────────┘                          │
│ 自                                         密押                 │
│ 出   □ 转账      □ 现金                   行号                 │
│ 票                                                              │
│ 之                                                              │
│ 日   备注       出票行签章    出纳    复核    经办              │
│ 起                                                              │
│ 贰                                                              │
│ 个                                                              │
│ 月                                                              │
└─────────────────────────────────────────────────────────────────┘
```

图 4-11　银行本票

（二）银行本票的概念

银行本票是银行签发的，承诺自己在见票时无条件支付确定的金额给收款人或持票人的票据。

收款人是办理本票业务的单位或个人。

出票人是签发本票者，为付款单位的开户银行。

收款人或持票人是收到本票的单位或个人。

（三）银行本票的基本规定

①银行本票一律记名，出票日期一律大写。

②银行本票实行金额进账制，即按票面金额进账。票面金额大于实际结算金额部分银行不予受理，结算单位自行办理。

③银行本票在付款期内可以背书转让。

④银行本票的付款期为两个月。逾期的本票，兑付银行不予受理。

（四）银行本票的基本联次

定额本票：单联式，由签发银行盖章后交给银行本票申请人以办理转账结算或取现。

不定额本票：一式二联。

第一联：卡片，由出票银行留存；

第二联：银行本票，由签发银行盖章后交给银行本票申请人。

（五）银行本票的结算程序

1. 付款人（申请人）

①向银行申请办理银行本票。

②收到银行交付的银行本票一联。

③持一联银行本票办理结算，将该联银行本票交给收款人。

2. 收款人

销售货物，收到银行本票一联送存银行。

（六）银行本票的账务处理

1. 付款人（申请人）

（1）申请办理银行本票（原始凭证：银行本票申请书（或业务委托书））

借：其他货币资金——银行本票存款

贷：银行存款

（2）持银行本票办理结算（原始凭证：无银行汇票原件）

借：相关科目

贷：其他货币资金——银行本票存款

2. 收款人（原始凭证：银行进账单（收账通知联））

借：银行存款

贷：相关科目

注意：收款人收到银行本票后，将银行本票一联交存银行，故收款人凭银行进账单记账，凭以记账的原始凭证中无银行本票原件。

二、实训练习

（一）资料

① 2019年10月16日，鑫源机械有限责任公司准备到沈阳丹峰钢材有限公司购买材料，委托其开户银行办理银行本票162400元。

沈阳丹峰钢材有限公司的基本资料：

开户银行：工商银行太原街支行

账号：23198723-208

② 2019 年 10 月 17 日，相关原始凭证如图 4-12、图 4-13 所示。

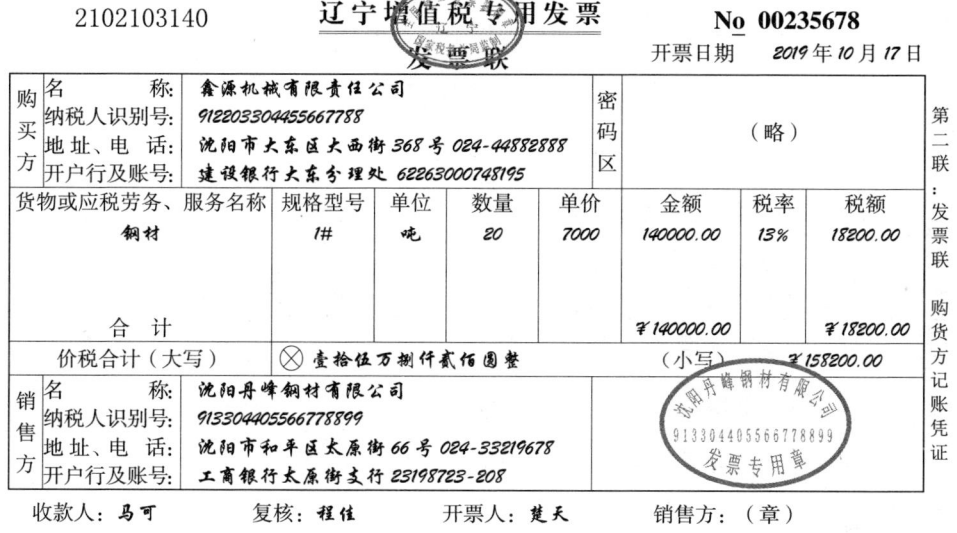

图 4-12　增值税专用发票

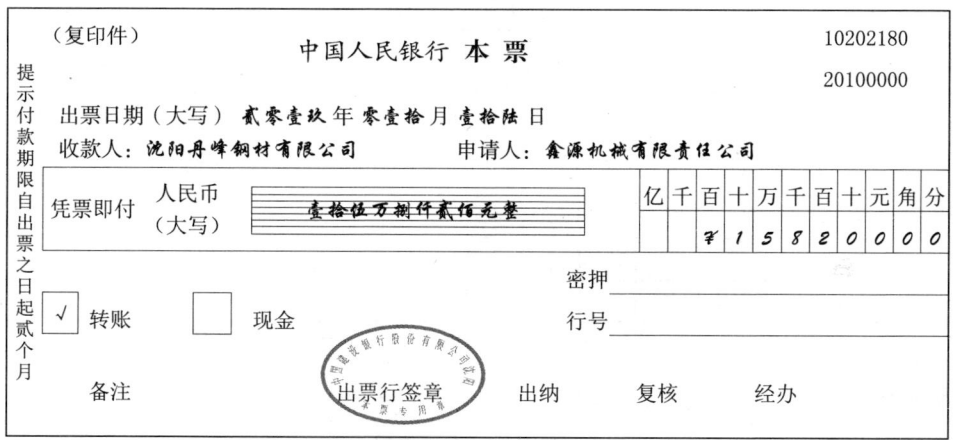

图 4-13　银行本票

（二）要求

根据资料①，填写业务委托书并编制记账凭证（凭证编号：14），在表 4-7、表 4-8 中进行操作。

根据资料②，以鑫源机械有限责任公司为会计主体，编制记账凭证（凭证编号：15），在表 4-9 中进行操作。

根据资料②，以沈阳丹峰钢材有限公司为会计主体，填写银行进账单并编制记账凭证（凭证编号：16），在表 4-10、表 4-11 中进行操作。

表 4-7

中国工商银行　　　　　　　　　　业务委托书

日期　　年　月　日		辽A　00568430	
业务类型	□电汇　　□信汇　　□汇票申请书　　□本票申请书 其他		
汇款人	全称	收款人	全称
	账号或地址		账号或地址
	开户银行		开户银行
金额(大写)		亿千百十万千百十元角分	
密　码	加急汇款签字		
用　途			
备　注			
		付款行签章:	

事后监督:　　　会计主管:　　　复核:　　　记账:

表 4-8

通 用 记 账 凭 证

年　月　日　　　　　　　　　字第　号

摘要	会计科目		借方金额									贷方金额									记账符号
	总账科目	明细科目	千	百	十	万	千	百	十	元	角	分	千	百	十	万	千	百	十	元	角	分	
附单据　张　合　计:																						

会计主管人员　　记账　　稽核　　制单　　出纳　　交领款人

表 4-9

通 用 记 账 凭 证

年　月　日　　　　　　　　　字第　号

摘要	会计科目		借方金额									贷方金额									记账符号
	总账科目	明细科目	千	百	十	万	千	百	十	元	角	分	千	百	十	万	千	百	十	元	角	分	
附单据　张　合　计:																						

会计主管人员　　记账　　稽核　　制单　　出纳　　交领款人

表 4-10

ICBC 中国工商银行 进账单（收账通知）3

　　　　　　　　　　年　月　日　　　　　　　　No1982345

出票人	全称		收款人	全称		亿千百十万千百十元角分	此联是收款人开户银行交给收款人的收账通知
	账号			账号			
	开户银行			开户银行			
金额	人民币（大写）						
票据种类		票据张数					
票据号码							
备注：							

　　　　　　　　　　　　　　　　复核：　　　记账：

表 4-11

通用记账凭证

　　　　　　　　年　月　日　　　　　　　字第　号

摘要	会计科目		借方金额	贷方金额	记账符号
	总账科目	明细科目	千百十万千百十元角分	千百十万千百十元角分	
附单据　　张　合　计：					

会计主管人员　　　　记账　　　　稽核　　　　制单　　　　出纳　　　　交领款人

任务四　银行汇票业务

一、理论知识

（一）认识银行汇票

银行汇票的样式，如图4-14所示。

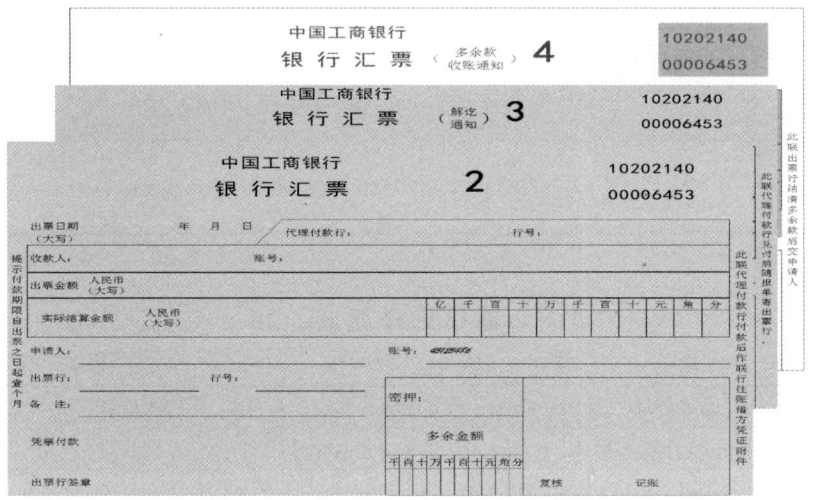

图4-14　银行汇票

（二）银行汇票的概念

银行汇票是汇款人将款项交存当地银行，由银行签发给汇款人据以办理转账结算或支取现金的票据。

汇款人是办理汇票业务的单位或个人，即付款单位或个人。

出票人是签发银行汇票者，即汇款单位的开户银行。

持票人是收到汇票的单位或个人，即收款人。

（三）银行汇票的基本规定

①银行汇票一律记名，出票日期必须大写。

②银行汇票的汇款金额起点为500元。

③银行汇票的付款期为一个月。逾期的汇票，兑付银行不予受理。

④银行汇票在付款期内可以背书转让。

（四）银行汇票的基本联次

第一联：卡片，由出票银行留存。

第二联：银行汇票，交给汇票申请人。

第三联：银行汇票解讫通知，交汇票申请人。

第四联：多余款项收账通知，汇款单位收到银行退回的汇票多余款时作为记账凭证。

（五）银行汇票的结算程序

1. 汇款人

①向银行申请办理银行汇票。

②收到银行交给的银行汇票第二联、第三联。

③持银行汇票第二联、第三联办理结算，将银行汇票第二联、第三联交给收款人。

④收到银行汇票多余款。

2. 收款人

销售货物，收到银行汇票第二联、第三联送存银行。

（六）原始凭证（业务委托书）

第一联：回单联，汇款人记账。

第二联：出票银行留存。

第三联：出票银行留存。

（七）银行汇票的账务处理

1. 汇款人

（1）申请办理银行汇票（原始凭证：银行汇票申请书或业务委托书）

借：其他货币资金——银行汇票存款

贷：银行存款

（2）持银行汇票办理结算（原始凭证：无银行汇票原件）

借：相关科目

贷：其他货币资金——银行汇票存款

（3）收到银行汇票多余款（原始凭证：银行汇票（多余款收账通知联））

借：银行存款

贷：其他货币资金——银行汇票存款

2. 收款人收到银行汇票（原始凭证：银行进账单（收账通知联））

借：银行存款

贷：相关科目

注意：收款人收到银行汇票后，将银行汇票第二联、第三联交存银行，故收款人凭银行进账单记账，凭以记账的原始凭证中无银行汇票原件。

> **找规律　对比记忆**
>
> 银行汇票按实际结算金额进账。
>
> 银行本票实行金额进账制，即按票面金额进账。票面金额大于实际结算金额部分银行不予受理，结算单位自行办理。

二、实训练习

（一）资料

① 2019年10月15日，鑫源机械有限责任公司需要到上海钢铁有限公司采购材料，委托其开户银行办理银行汇票260000元。

上海钢铁有限公司基本资料：

开户银行：中国银行上海分行

账号：21780008907634

② 2019年10月16日，相关原始凭证（增值税专用发票抵扣联略）如图4-15、图4-16、图4-17所示。

2102103140	上海增值税专用发票 发票联					No 00643214 开票日期 2019年10月16日		
购买方	名　称： 鑫源机械有限责任公司 纳税人识别号：912203304455667788 地址、电话：沈阳市大东区大西街368号 024-44882888 开户行及账号：建设银行大东分理处 62263000748195				密码区	（略）		第三联：发票联　购货方记账凭证
货物或应税劳务、服务名称	规格型号	单位	数量	单价	金额	税率	税额	
钢材	2#	吨	4	50000	200000.00	13%	26000.00	
合　计					￥200000.00		￥26000.00	
价税合计（大写）	⊗ 贰拾贰万陆仟圆整				（小写）	￥226000.00		
销售方	名　称：上海钢铁有限公司 纳税人识别号：91211437500098777 地址、电话：上海市黄浦新区南京东路119号 021-89967888 开户行及账号：中国银行上海分行 21780008907634							
收款人：田娜		复核：李威		开票人：许都		销售方：（章）		

图 4-15　增值税专用发票

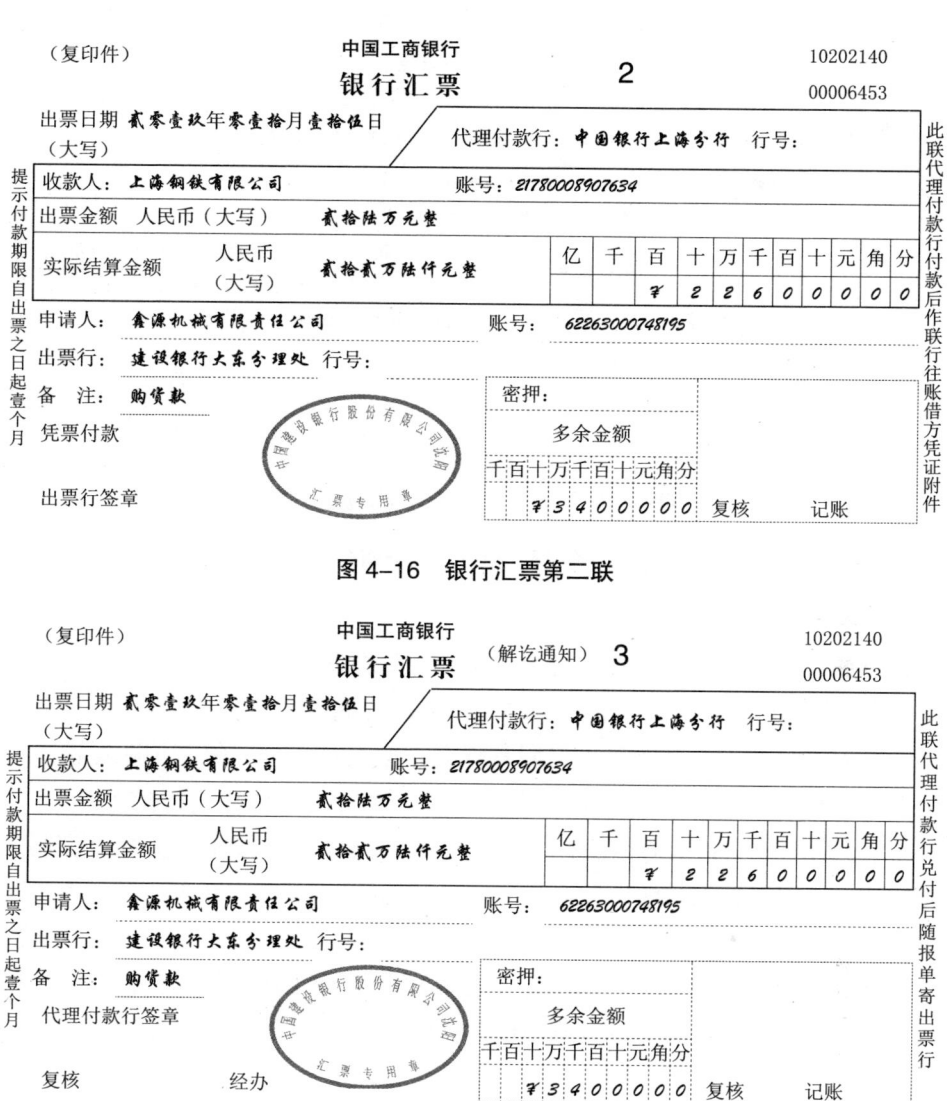

图 4-16 银行汇票第二联

图 4-17 银行汇票第三联

③ 2019 年 10 月 18 日，相关原始凭证如图 4-18 所示。

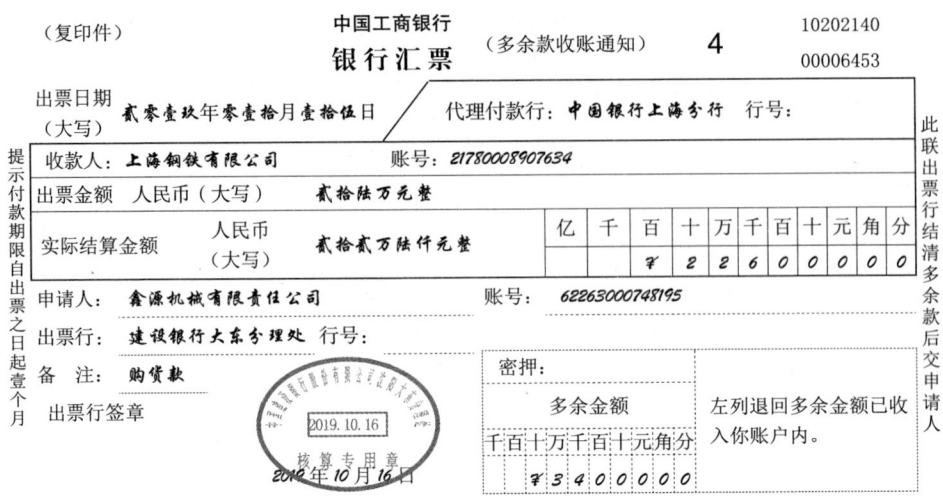

图 4-18 银行汇票第四联

（二）要求

根据资料①，填写业务委托书并编制记账凭证（采用五类编号法，该业务为本月第 17 笔业务），在表 4-12、表 4-13 中进行操作。

根据资料②，以鑫源机械有限责任公司为会计主体，编制记账凭证（采用五类编号法，该业务为本月第 19 笔业务），在表 4-14 中进行操作。

根据资料②，以上海钢铁有限公司为会计主体，填写银行进账单并编制记账凭证（采用五类编号法，该业务为本月第 18 笔业务），在表 4-15、表 4-16 中进行操作。

根据资料③，以鑫源机械有限责任公司为会计主体，编制记账凭证（采用五类编号法，该业务为本月第 20 笔业务），在表 4-17 中进行操作。

表 4-12

中国工商银行				业务委托书		
日期 年 月 日					辽A 00568430	
业务类型	□电汇 其他	□信汇	□汇票申请书		□本票申请书	
汇款人	全称			收款人	全称	
	账号或地址				账号或地址	
	开户银行				开户银行	
金额（大写）				亿千百十万千百十元角分		
密码		加急汇款签字				
用途						
备注						
				付款行签章：		
事后监督：	会计主管：		复核：		记账：	

表 4-13

付款记账凭证

贷方科目　　　　　　　　　　　年　月　日　　　　　　　　　　字第　号

摘要	结算方式	票号	借方科目		金额									记账符号
			总账科目	明细科目	千	百	十	万	千	百	十	元	角	分	
附单据		张	合计												

表 4-14

转账记账凭证

年　月　日　　　　　　　　　　字第　号

摘要	会计科目		借方金额										贷方金额									记账符号
	总账科目	明细科目	千	百	十	万	千	百	十	元	角	分	千	百	十	万	千	百	十	元	角	分	
附单据　张　合计：																							

会计主管人员　　　　记账　　　　稽核　　　　制单　　　　出纳

表 4-15

ICBC 中国工商银行 进账单（收账通知）3

年　月　日　　　　　　　　　　No1982345

出票人	全称		收款人	全称		亿	千	百	十	万	千	百	十	元	角	分
	账号			账号												
	开户银行			开户银行												
金额	人民币（大写）															
票据种类		票据张数														
票据号码																
备注：																
					复核：　　　　记账：											

此联是收款人开户银行交给收款人的收账通知

表4-16

收款记账凭证

借方科目　　　　　　　　　　　年　月　日　　　　　　　　　字第　号

摘　要	结算方式	票号	贷方科目		金额										记账符号
			总账科目	明细科目	千	百	十	万	千	百	十	元	角	分	
附单据　　张			合计												

表4-17

收款记账凭证

借方科目　　　　　　　　　　　年　月　日　　　　　　　　　字第　号

摘　要	结算方式	票号	贷方科目		金额										记账符号
			总账科目	明细科目	千	百	十	万	千	百	十	元	角	分	
附单据　　张			合计												

任务五　汇兑业务

一、理论知识

（一）概念

汇兑是汇款人委托银行将其款项支付给外地收款人的一种结算方式。汇款人为付款单位或个人。

（二）种类

①信汇。信汇是指汇款人向银行提出申请并交存一定的金额，银行以邮寄的方式汇出，同时收取一定的手续费。

②电汇。电汇是指汇款人向银行提出申请并交存一定的金额，银行以电报或电传方式汇出，同时收取一定的手续费。

（三）原始凭证（汇兑凭证）

1. 信汇凭证：一式四联

第一联：回单联，汇款单位记账。

第二联：银行留存。

第三联：银行留存。

第四联：收账通知联，收款单位记账。

2. 电汇凭证：一式三联

第一联：回单联，汇款单位记账。

第二联：银行留存。

第三联：银行留存。

（四）汇兑的结算程序

1. 汇款人（付款人）

①委托开户银行办理汇款，汇款人填写汇兑凭证。

②银行受理后，汇款人收到银行交给的汇兑凭证回单。

2. 收款人

款项收妥后，收款人收到银行转来的收款通知。

（五）汇兑的账务处理

1. 汇款人（原始凭证：汇兑凭证回单）

借：相关科目

贷：银行存款

2. 收款人（原始凭证：银行收款通知）

借：银行存款

贷：相关科目

二、实训练习

业务1如下所述。

（一）资料

2019年10月17日，鑫源机械有限责任公司向南票矿务集团购入煤炭，采用电汇方式付款，相关原始凭证（增值税专用发票抵扣联略），如图4-19、图4-20所示。

2102103140 辽宁增值税专用发票 No 00178421
发票联 开票日期 2019年10月17日

购买方	名　　称	鑫源机械有限责任公司	密码区	（略）	第三联：发票联 购货方记账凭证
	纳税人识别号	912203304455667788			
	地址、电话	沈阳市大东区大西街368号 024-44882888			
	开户行及账号	建设银行大东分理处			

货物或应税劳务、服务名称	规格型号	单位	数量	单价	金额	税率	税额
无烟煤		吨	200	300	60000.00	13%	7800.00
合　计					￥60000.00		￥7800.00

价税合计（大写）	⊗陆万柒仟捌佰圆整	（小写） ￥67800.00

销售方	名　　称	南票矿务集团	备注	（发票专用章）
	纳税人识别号	91445566220330l168		
	地址、电话	葫芦岛市南票区金星镇 0429-3289045		
	开户行及账号	工行葫芦岛支行 44-757755155		

收款人：林方　　复核：侯莹　　开票人：李小东　　销售方：（章）

图 4-19　增值税专用发票

2019 年 10 月 17 日

户名	鑫源机械有限责任公司			账号	6226300074819 5										
业务种类	□现金支票　□转账支票　□电汇　□汇票委托书　□银行承兑商业汇票 □贷款承诺　□查询查复　□保函　□企业验资　□其他														第五联 回单
业务种类	笔数	工本费	邮电费	手续费	起止号码	金额									
						千	百	十	万	千	百	十	元	角	分
电汇	1			15.00							1	5	0	0	
合计金额（大写）	壹拾伍元整				2019.10.17						￥	1	5	0	0
				银行业务签章 算专用章											
				复核员：	记账员：					验印：					

图 4-20　业务收费单

（二）要求

填写业务委托书并编制记账凭证（该业务为本月第20笔业务），在表4-18、表4-19、表4-20中进行操作。

表 4-18

中国工商银行　　　　　业务委托书

日期　　年　月　日			辽A　00568430	
业务类型	□电汇　　　□信汇　　　□汇票申请书　　　□本票申请书			
	其他 _____			
汇款人	全称		收款人	全称
	账号或地址			账号或地址
	开户银行			开户银行
金额（大写）			亿千百十万千百十元角分	
密　码		加急汇款签字		
用　途				
备　注				
			付款行签章：	

事后监督：　　　会计主管：　　　复核：　　　记账：

表 4-19

通用记账凭证

年　月　日　　　　　　字第　号

摘要	会计科目		借方金额	贷方金额	记账符号
	总账科目	明细科目	千百十万千百十元角分	千百十万千百十元角分	
附单据　　张　合　计：					

会计主管人员　　　记账　　　稽核　　　制单　　　出纳　　　交领款人

表 4-20

通用记账凭证

年　月　日　　　　　　字第　号

摘要	会计科目		借方金额	贷方金额	记账符号
	总账科目	明细科目	千百十万千百十元角分	千百十万千百十元角分	
附单据　　张　合　计：					

会计主管人员　　　记账　　　稽核　　　制单　　　出纳　　　交领款人

业务 2 如下所述。

（一）资料

会计主体：南票矿务集团

2019 年 10 月 17 日，相关原始凭证如图 4-21、图 4-22 所示。

	辽宁增值税专用发票		No 00178421
2102103140	记账联		开票日期 2019 年 10 月 17 日

购买方	名称：	鑫源机械有限责任公司	密码区	（略）
	纳税人识别号：	912203304455667788		
	地址、电话：	沈阳市大东区大西街368号 024-44882888		
	开户行及账号：	建设银行大东分理处		

货物或应税劳务、服务名称	规格型号	单位	数量	单价	金额	税率	税额
无烟煤		吨	200	300	60000.00	13%	7800.00
合 计					￥60000.00		￥7800.00

价税合计（大写）	⊗ 陆万柒仟捌佰圆整	（小写） ￥67800.00

销售方	名称：	南票矿务集团	备注	（发票专用章）
	纳税人识别号：	91445562203301168		
	地址、电话：	葫芦岛市南票区金星镇 0429-3289045		
	开户行及账号：	工行葫芦岛支行 44-757755155		

收款人：林方　　复核：侯莹　　开票人：李小东　　销售方：（章）

图 4-21　增值税专用发票

ICBC 中国工商银行　　凭证

业务回单（收款）

入账日期：2019 年 10 月 17 日　　回单编号：569810222

付款人户名：鑫源机械有限责任公司
付款人账号：62263000748195
付款人开户行：建设银行大东分理处
收款人户名：南票矿务集团
收款人账号：44-757755155
收款人开户行：工行葫芦岛支行
币种：人民币（本位币）　　金额（小写）：￥67800.00
金额（大写）：陆万柒仟捌佰元整
凭证种类：资金汇划收报　　凭证号码：810222
业务（产品）种类：汇划收报　　摘要：货款（转工行辽宁省葫芦岛市支行）
交易机构：000800032　　记账柜员：3　　交易代码：　　用途：货款
客户附言：货款（转工行辽宁省葫芦岛市支行）　用途：货款　发报行号：11064　　收报行号：

图 4-22　收款凭证

（二）要求

编制记账凭证（该业务为本月第 15 笔业务），在表 4-21 中进行操作。

表 4-21

通用记账凭证

年　月　日　　　　　　　　　字第　号

摘要	会计科目		借方金额									贷方金额									记账符号
	总账科目	明细科目	千	百	十	万	千	百	十	元	角	分	千	百	十	万	千	百	十	元	角	分	
附单据　　张　合　计：																							

会计主管人员　　　记账　　　稽核　　　制单　　　出纳　　　交领款人

任务六　托收承付业务

一、理论知识

（一）托收承付的概念

托收承付是指收款单位根据经济合同发货后，委托银行向异地付款单位收取款项，由付款单位按经济合同规定核对结算单证或验货后向银行承认付款的一种结算方式。

（二）托收承付的种类

①邮划。

②电划。

（三）原始凭证（托收凭证）

第一联：回单联，收款单位记账。

第二联：银行记账。

第三联：银行记账。

第四联：收账通知联，收款单位记账。

第五联：付款通知联，付款单位记账。

（四）银行汇票的结算程序

1. 收款人

①发出商品或提供劳务。

②委托银行收款，办理托收手续。

③款项收妥后,收到银行发来的收款通知。

2. 付款人

收到银行通知,付款。

(五)账务处理

1. 收款人

(1)销售货物,办妥托收手续(原始凭证:托收凭证回单联)

借:应收账款

贷:相关科目

(2)收到托收款(原始凭证:托收凭证收账通知联)

借:银行存款

贷:应收账款

2. 付款人

支付款项时(原始凭证:托收凭证付款通知联)

借:相关科目

贷:银行存款

二、实训练习

业务1如下所述。

(一)资料

① 2019年10月17日,鑫源机械有限责任公司向福建安达商贸有限公司销售GF型机床,已向银行办理了托收手续(电划方式),相关原始凭证如图4-23、图4-24、图4-25所示。

辽宁增值税专用发票

2102103140　　No 00425082

此联不作报销、抵税凭证使用　　开票日期 2019 年 10 月 17 日

购买方	名称：	福建安达商贸有限公司			密码区		（略）	
	纳税人识别号：	914405566770899101						
	地址、电话：	福建省福州市晋安区王庄街62号						
	开户行及账号：	建行晋安支行 6300057806666						
货物或应税劳务、服务名称		规格型号	单位	数量	单价	金额	税率	税额
机床		GF型	套	5	120000	600000.00	13%	78000.00
合计						￥600000.00		￥78000.00
价税合计（大写）		⊗陆拾柒万捌仟圆整				（小写） ￥678000.00		
销售方	名称：	鑫源机械有限责任公司						
	纳税人识别号：	912203304455667788						
	地址、电话：	沈阳市大东区大西街368号 024-44882888						
	开户行及账号：	建设银行大东分理处 6226300074819						

收款人：　　复核：邰苟　　开票人：李晓阳　　销售方：（章）

第一联：记账联　销货方记账凭证

图 4-23 增值税专用发票

（复印件）　　**货物运输业增值税专用发票**　　No.2387165

发票联　　开票日期：2019 年 10 月 17 日

承运人及纳税人识别号	沈阳顺风运输公司 91220110221134555		密码区	密码（略）
实际受票方及纳税人识别号	福建安达商贸有限公司 914405566770899101			
收货人及纳税人识别号	福建安达商贸有限公司 914405566770899101		发货方及纳税人识别号	鑫源机械有限责任公司 912203304455667788
起运地、经由、到达地	沈阳－福州			
费用项目及金额	费用项目 运输费	金额 4000.00	费用项目	金额
			运输货运信息	机床 5 套
合计金额	￥4000.00	税率 9%	税额	￥360.00
价税合计（大写）	￥4360.00			
主管税务机关及代码	国家税务总局沈阳市和平区税务局		321071155	

收款人 陈佰　　复核人 孔祥　　开票人 高镐　　承运人（章）

图 4-24 增值税专用发票

中国工商银行	中国工商银行 转账支票	10202XXX
转账支票存根		00995XXX
10202120	出票日期(大写) 年 月 日 付款行名称:	
00999526	收款人: 出票人账号:	
附加信息	人民币 (大写)	亿千百十万千百十元角分
	用途 密码	
出票日期2019年10月17日	上列款项请从 行号	
收款人:	我账户内支付	
沈阳市顺风运输公司	出票人签章 复核 记账	
金额:¥4360.00		
用途:运费		
单位主管郎为 会计张新		

图 4-25 转账支票

② 2019 年 10 月 18 日的相关原始凭证如图 4-26 所示。

图 4-26 托收凭证第四联

（二）要求

根据资料①，填写托收凭证并编制记账凭证（该业务为本月第24笔业务），在图4-27、表4-27中进行操作。

根据资料②，编制记账凭证（该业务为本月第26笔业务），在表4-23中进行操作。

ICBC 中国工商银行　　托收凭证（受理回单）

委托日期　　年　月　日

业务类型	委托收款（□邮划、□电划）		托收承付（□邮划、□电划）		
付款人	全称		收款人	全称	
	账号			账号	
	地址	省　　市县　　开户行		地址	省　　市县　　开户行
金额	人民币（大写）			亿千百十万千百十元角分	
款项内容		托收凭证名称		附寄单证张数	
商品发运情况			合同名称号码		
备注：					
		款项收妥日期		收款人开户银行签章	
复核　　记账		年　月　日		年　月　日	

此联收款人开户银行给收款人的受理回单

图4-27　托收凭证第一联

表4-22

通用记账凭证

年　月　日　　　　　　　　　字第　号

摘要	会计科目		借方金额	贷方金额	记账符号
	总账科目	明细科目	千百十万千百十元角分	千百十万千百十元角分	
附单据　　张　合计：					

会计主管人员　　　记账　　　稽核　　　制单　　　出纳　　　交领款人

表 4-23

通用记账凭证

年　月　日　　　　　　　　　字第　号

摘要	会计科目		借方金额									贷方金额									记账符号
	总账科目	明细科目	千	百	十	万	千	百	十	元	角	分	千	百	十	万	千	百	十	元	角	分	
附单据　　张　合　计：																							

会计主管人员　　记账　　稽核　　制单　　出纳　　交领款人

业务 2 如下所述。

会计主体： 福建安达商贸有限公司

地址及电话： 福建省福州市晋安区王庄街 62 号，0591-66770899

开户银行及账号： 建行晋安支行，6300057806666

纳税人识别号： 914405566770899101

（一）资料

2019 年 10 月 18 日，相关原始凭证（增值税专用发票抵扣联略），如图 4-28、图 4-29、图 4-30 所示。

2102103140	辽宁增值税专用发票 发票联					No 00425082 开票日期 2019 年 10 月 17 日		
购买方	名　称：	福建安达商贸有限公司				密码区		（略）
	纳税人识别号：	914405566770899101						
	地址、电话：	福建省福州市晋安区王庄街62号						
	开户行及账号：	建行晋安支行 6300057806666						
货物或应税劳务、服务名称	规格型号	单位	数量	单价	金额		税率	税额
机床	9Z型	套	5	120000	600000.00		13%	78000.00
合　计					￥600000.00			￥78000.00
价税合计（大写）	陆拾柒万捌仟圆整					（小写）￥678000.00		
销售方	名　称：	鑫源机械有限责任公司						
	纳税人识别号：	912203304455667788						
	地址、电话：	沈阳市大东区大西街368号 024-44882888						
	开户行及账号：	建设银行大东分理处 6226300074815						

收款人：　　复核：邵苟　　开票人：季晓阳　　销售方：（章）

图 4-28　增值税专用发票

货物运输业增值税专用发票 发票联

No.2387165

开票日期：2019 年 10 月 17 日

承运人及纳税人识别号	沈阳顺风运输公司 9122011022133455	密码区	密码（略）
实际受票方及纳税人识别号	福建安达商贸有限公司 91440556677089910		
收货人及纳税人识别号	福建安达商贸有限公司 91440556677089910	发货方及纳税人识别号	鑫源机械有限责任公司 91220330445566778
起运地、经由、到达地	沈阳－福州		

费用项目及金额	费用项目	金额	费用项目	金额	运输货运信息	机床5套
	运输费	4000.00				

合计金额	¥4000.00	税率	9%	税额	¥360.00
价税合计（大写）	¥4360.00				
车种车号			车船吨位		
主管税务机关及代码	国家税务总局沈阳市和平区税务局			321071155	

收款人 陈佰　　复核人 孔祥　　开票人 高镐　　承运人（章）

图 4-29　增值税专用发票

ICBC 中国工商银行　　托收凭证（付账通知）

委托日期　2019 年 10 月 17 日

业务类型	委托收款（□邮划、□电划）	托收承付（□邮划、☑电划）				
付款人	全称	福建安达商贸有限公司	收款人	全称	鑫源机械有限责任公司	
	账号	6300057806666		账号	220330445566778	
	地址	福建省福州市县	开户行	建行晋安支行	地址 辽宁省沈阳市县	开户行 建设银行大东分理处

金额	人民币（大写）	陆拾捌万贰仟叁佰陆拾元整	亿千百十万千百十元角分 ¥ 6 8 2 3 6 0 0 0

款项内容	货款	托收凭证名称	发票	附寄单证张数	3

商品发运情况	商品已发出	合同名称号码	

备注： 付款人开户银行收到日期： 　　　年　月　日 复核　记账	付款人开户银行签章 2019年10月18日	付款人注意： 1. 根据支付结算办法，上列委托收款（托收承付）款项在付款期限内未提出拒付，即视为同意付款，以此代付款通知。 2. 如需提出全部或部分拒付，应在规定期限内，将拒付理由书并附债务证明退交开户银行。

图 4-30　托收凭证第五联

（二）要求

编制记账凭证（该业务为本月第28笔业务），在表4-24中进行操作。

表 4-24

通用记账凭证

年　月　日　　　　　　　　　　　　　　　字第　号

摘要	会计科目		借方金额									贷方金额									记账符号
	总账科目	明细科目	千	百	十	万	千	百	十	元	角	分	千	百	十	万	千	百	十	元	角	分	
附单据　　张　合　计：																						

会计主管人员　　　记账　　　稽核　　　制单　　　出纳　　　交领款人

任务七　委托收款业务

一、理论知识

（一）委托收款的概念

委托收款是指由收款人委托银行向付款人收取款项的一种结算方式。

（二）委托收款的种类

①邮划。
②电划。

（三）委托收款的基本规定

①不受金额起点限制，即无论金额多少，都可办理。
②付款期为 3 天，付款人无款支付时，按期退回有关凭证，否则银行将给予罚款。
③付款人可以拒绝付款，可填写"全部或部分拒付理由书"。

（四）委托收款的结算程序

1. 收款人

①向付款单位提供商品或劳务供应。
②委托银行收款，并收到托收凭证回单。
③收到开户银行的收款通知，款项已收到。

2. 付款人

收到开户银行的付款通知，支付款项。

（五）账务处理

1. 收款人

（1）委托银行收款时（原始凭证：托收凭证（受理回单联））

借：应收账款

贷：相关科目

（2）收到款项时（原始凭证：托收凭证（收账通知联））

借：银行存款

贷：应收账款

2. 付款人

付款时（原始凭证：托收凭证（付款通知联））

借：相关科目

贷：银行存款

二、实训练习

（一）资料

2019 年 10 月 19 日，相关原始凭证（增值税专用发票抵扣联略），如图 4-31、表 4-25、图 4-32 所示。

购买方	名　　称	鑫源机械有限责任公司				密码区		（略）	
	纳税人识别号	91220330445667788							
	地址、电话	沈阳市大东区大西街368号 024－44882888							
	开户行及账号	建设银行大东分理处 6226300074 8195							
货物或应税劳务、服务名称		规格型号	单位	数量	单价	金额		税率	税额
电费			度	2000	1.5	3000.00		13%	390.00
合　计						¥3000.00			¥390.00
价税合计（大写）		⊗叁仟叁佰玖拾圆整				（小写）			¥3390.00
销售方	名　　称	沈阳市大东区电业局				备注			
	纳税人识别号	912203307788991122							
	地址、电话	沈阳市大东区东街12号 024－88991121							
	开户行及账号	建设银行中街支行 6226300067 8123							

发票号：2102103140
No 00564389
开票日期 2019 年 10 月 19 日

收款人：林琳　　复核：赵斯　　开票人：解军　　销售方：（章）

图 4-31　增值税专用发票

表 4-25

电费分配表

2019 年 10 月 19 日　　　　　　　　　　　　　　　　单位：元

部门	电费
生产车间	2000
专设销售机构	400
行政管理部门	600
合计	3000

ICBC 中国工商银行　　托收凭证（付账通知）

委托日期　2019 年 10 月 19 日

业务类型	委托收款（□邮划、☑电划）		托收承付（□邮划、□电划）		
付款人	全称	鑫源机械有限责任公司	收款人	全称	沈阳市大东区电业局
	账号	6226300748195		账号	6226300678123
	地址	辽宁省沈阳市县	开户行	建设银行大东分理处	地址 辽宁省沈阳市县　开户行　建设银行中街支行
金额	人民币（大写）	叁仟叁佰玖拾元整		亿千百十万千百十元角分	￥3390 0 0
款项内容	电费		托收凭证名称	增值税专用发票	附寄单证张数　2
商品发运情况				合同名称号码	

备注：
付款人开户银行收到日期：　　年　月　日
复核　　记账

付款人注意：
1. 根据支付结算办法，上列委托收款（托收承付）款项在付款期限内未提出拒付，即视为同意付款，以此代付款通知。
2. 如需提出全部或部分拒付，应在规定期限内，将拒付理由书并附债务证明退交开户银行。

付款人开户银行盖章　2019 年 10 月 19 日

此联付款人开户银行给付款人按期付款通知

图 4-32　托收凭证第五联

（二）要求

编制记账凭证（该业务为本月第 30 笔业务），在表 4-26 中进行操作。

表 4-26

通用记账凭证

　　　　　　　　　　　　　　　年　月　日　　　　　　　　　　　　　字第　号

摘要	会计科目		借方金额									贷方金额									记账符号
	总账科目	明细科目	千	百	十	万	千	百	十	元	角	分	千	百	十	万	千	百	十	元	角	分	
附单据　　张　合计：																							

会计主管人员　　　记账　　　稽核　　　制单　　　出纳　　　交领款人

任务八　商业汇票业务

一、理论知识

（一）商业汇票的概念

商业汇票是指收款人或付款人（或承兑申请人）签发，由承兑人承兑，并于到期日向收款人或被背书人支付款项的票据。

承兑人是指在承兑汇票上承诺并记载汇票到期日支付汇票金额的付款人，也是汇票的主要债务人。在汇票未经承兑时，付款人不是汇票上的义务人，没有责任对票据进行付款。这时，他不会因为拒绝付款而承担票据法规定的任何责任，即汇票的付款人是汇票上的关系人，而不是债务人，不承担票据法规定的义务。然而，汇票一经承兑，付款人便上升为汇票承兑人，成为票据债务人，开始承担票据义务。承兑人的票据责任是因他本人意思表示而产生的，一旦付款人在汇票上签名盖章，便意味着付款人愿意接受汇票所载文义并承担票据责任。

背书是指持票人为将票据权利转让给他人或者将一定的票据权利授予他人行使，而在票据背面或粘单上记载有关事项并签章的行为。背书按照目的不同分为转让背书和非转让背书。

在票据转让行为中，持票人称为背书人。

在票据转让行为中，受让人称为被背书人。

（二）商业汇票的种类

按承兑人的不同，商业汇票分为商业承兑汇票和银行承兑汇票。

商业承兑汇票是指由付款人或收款人签发，经付款人承兑的票据。

银行承兑汇票是指由承兑申请人申请，经银行审核同意承兑的票据。

（三）商业汇票的基本规定

①商业汇票一律记名，可以背书转让，也可以贴现，承兑期限一般为 3~6 个月。

②商业汇票的日期必须大写。

（四）商业汇票的结算程序

1. 商业承兑汇票

①根据购销合同，收款单位依据经付款单位承兑的商业承兑汇票发运

商品。

②收款单位将要到期的商业汇票连同填制的委托收款凭证（托收凭证）交给银行，委托银行收款。

③银行间结算及划款。

④收款单位收到银行的收款通知，收妥款项；付款单位收到银行的付款通知，支付款项。

2. 银行承兑汇票

①承兑申请单位持购销合同填写银行承兑委托书并向开户银行申请签发银行承兑汇票，开户银行根据有关规定与承兑申请单位签订承兑协议，同意承兑。

②收款单位根据付款单位交来的银行承兑汇票发运商品。

③汇票到期日，收款单位将银行承兑汇票连同填制的委托收款凭证交给银行，委托开户银行收款，付款单位应备款支付。

④银行间划拨款项。

⑤收款单位收到银行的收款通知，收妥款项；付款单位收到银行的付款通知，支付款项。

（五）账务处理

1. 商业承兑汇票

（1）收款单位

1）销售商品，收到商业承兑汇票时（原始凭证：无商业承兑汇票原件）

借：应收票据

贷：相关科目

2）商业承兑汇票到期存入银行时（原始凭证：托收凭证（收账通知联））

借：银行存款

贷：应收票据

3）商业承兑汇票到期，承兑人违约拒付或无力支付票款时（原始凭证：银行退回的商业承兑汇票、托收凭证、未付款通知或拒绝付款证明）

借：应收账款

贷：应收票据

（2）付款单位

1）购入材料，开出商业承兑汇票时（原始凭证：商业承兑汇票第一联）

借：相关科目

贷：应付票据

2）商业承兑汇票到期，支付票据款时（原始凭证：托收凭证（付款通知联））

借：应付票据

贷：银行存款

3）商业承兑汇票到期，无力支付票款时（原始凭证：银行退回的未付款通知或拒绝付款证明）

借：应付票据

贷：应付账款

2．银行承兑汇票

（1）收款单位

1）销售商品，收到银行承兑汇票时（原始凭证：无银行承兑汇票原件）

借：应收票据

贷：相关科目

2）银行承兑汇票到期存入银行时（原始凭证：托收凭证（收账通知联））

借：银行存款

贷：应收票据

（2）付款单位

1）购入材料，开出银行承兑汇票时（原始凭证：银行承兑汇票第三联）

借：相关科目

贷：应付票据

2）银行承兑汇票到期，支付票据款时（原始凭证：托收凭证（付款通知联））

借：应付票据

贷：银行存款

（六）商业汇票贴现

1．贴现的概念

贴现是指企业将未到期的商业汇票转让给银行，银行在扣除按贴现率计算的贴现息后，将其差额支付给贴现企业的行为。

2．贴现的计算

贴现息＝票据到期值 × 贴现率 × 贴现期 /12（或360）

贴现金额＝票据到期值－贴现息

3．原始凭证：贴现凭证

第一联：代申请书，银行使用。

第二联：收入凭证，银行使用。

第三联：收入凭证，银行使用。

第四联：收款通知，贴现申请人记账。

第五联：票据到期日银行记账。

4．账务处理

贴现申请人收到贴现款时（原始凭证：贴现凭证收款通知联）

借：银行存款

　　财务费用

贷：应收票据

二、实训练习

业务1如下所述。

（一）资料

① 2019年10月19日，销售MF型机床，相关原始凭证如图4-33、图4-34所示。

2102103140	辽宁增值税专用发票					No 00425082		
	此联不作报销抵扣税凭证使用					开票日期 2019年10月19日		
购买方	名　　称：	广州福安食品有限公司			密码区	（略）		第一联：记账联 销货方记账凭证
	纳税人识别号：	913103305566778432						
	地址、电话：	广东省广州市白云区同和街56号 020-31567667						
	开户行及账号：	工商银行同和分行 221756441444						
货物或应税劳务、服务名称	规格型号	单位	数量	单价	金额		税率	税额
机床	MF型	套	2	120000	240000.00		13%	31200.00
合　计					￥240000.00			￥31200.00
价税合计（大写）	⊗ 贰拾柒万壹仟贰佰圆整				（小写）		￥271200.00	
销售方	名　　称：	鑫源机械有限责任公司						
	纳税人识别号：	912203304455667788						
	地址、电话：	沈阳市大东区大西街368号 024-44882888						
	开户行及账号：	建设银行大东分理处 6226300748195						
收款人：	复核：郇苟		开票人：季晓阳			销售方：（章）		

图4-33　增值税专用发票

图 4-34　商业承兑汇票第二联

② 2019年10月19日，应收广州福安食品有限公司的商业承兑汇票到期，委托银行收款（电划方式），相关原始凭证如图4-35所示。

图 4-35　商业承兑汇票第二联

③ 2020年1月20日，相关原始凭证如图4-36所示。

ICBC 中国工商银行　托收凭证（付账通知）

委托日期　2020年1月19日

业务类型	委托收款（□邮划、☑电划）			托收承付（□邮划、□电划）				
付款人	全称	广州福安食品有限公司		收款人	全称	鑫源机械有限责任公司		此联收款人开户行给收款人的收账通知
	账号	221756441444			账号	6226300074819		
	地址	广东省广州市县	开户行	工商银行同和分行	地址	辽宁省沈阳市县	开户行 建设银行大东分理处	
金额	人民币（大写）	贰拾柒万壹仟贰佰元整			¥ 亿千百十万千百十元角分　　　２７１２０００００			
款项内容	商业汇票款		托收凭证名称	商业承兑汇票	附寄单证张数	1		
商品发运情况				合同名称号码				
备注：		款项收妥日期		收款人开户行签章 （盖章：2020.01.20 核算专用章）				
复核　　记账			2020年1月20日			年　月　日		

图4-36　托收凭证第五联

（二）要求

根据资料①，编制记账凭证（凭证编号：4），在表4-27中进行操作。

根据资料②，填写托收凭证并编制记账凭证（凭证编号：12），在图4-37、表4-28中进行操作。

根据资料③，编制记账凭证（凭证编号：13），在表4-29中进行操作。

表4-27

通用记账凭证

年　月　日　　　　　　　　　　　　　　　　字第　号

摘要	借方科目		贷方科目		金额									记账符号
	总账科目	明细科目	总账科目	明细科目	千	百	十	万	千	百	十	元	角	分	
附单据　　张			合　计												

会计主管人员　　记账　　稽核　　制单　　出纳　　交领款人

中国工商银行 托收凭证（受理回单）

ICBC 中国工商银行

委托日期　　年　月　日

| 业务类型 | 委托收款（□邮划、□电划）　　托收承付（□邮划、□电划） |

付款人：全称／账号／地址（省　市县　开户行）
收款人：全称／账号／地址（省　市县　开户行）
金额：人民币（大写）　　亿千百十万千百十元角分
款项内容／托收凭证名称／附寄单证张数
商品发运情况／合同名称号码
备注：
款项收妥日期　　年　月　日
收款人开户银行签章　　年　月　日
复核　　记账

此联收款人开户银行给收款人的受理回单

图 4-37　托收凭证第一联

表 4-28

通 用 记 账 凭 证

年　月　日　　　　　字第　号

摘要	借方科目		贷方科目		金额										记账符号
	总账科目	明细科目	总账科目	明细科目	千	百	十	万	千	百	十	元	角	分	
附单据　　张			合　计												

会计主管人员　　记账　　稽核　　制单　　出纳　　交领款人

表 4-29

通 用 记 账 凭 证

年　月　日　　　　　字第　号

摘要	借方科目		贷方科目		金额										记账符号
	总账科目	明细科目	总账科目	明细科目	千	百	十	万	千	百	十	元	角	分	
附单据　　张			合　计												

会计主管人员　　记账　　稽核　　制单　　出纳　　交领款人

业务 2 如下所述。

会计主体：广州福安食品有限公司

开户银行及账号：工商银行同和分行，221756441444

单位负责人：杜昆

会计主管：王一，负责审核会计凭证

会计：张来，负责编制记账凭证并登账

出纳：李丽，负责库存现金与银行存款业务

（一）资料

① 2019 年 10 月 19 日，相关原始凭证（增值税专用发票抵扣联略），如图 4-38、图 4-39 所示。

2102103140	辽宁增值税专用发票 发票联				No 00425082 开票日期 2019年10月19日		
购买方	名称：广州福安食品有限公司 纳税人识别号：913103305566778432 地址、电话：广东省广州市白云区同和街56号020-356767 开户行及账号：工商银行同和分行 221756441444				密码区	（略）	
货物或应税劳务、服务名称	规格型号	单位	数量	单价	金额	税率	税额
机床	MF型	套	2	120000	240000.00	13%	31200.00
合 计					¥240000.00		¥31200.00
价税合计（大写）	⊗ 贰拾柒万壹仟贰佰圆整				（小写） ¥271200.00		
销售方	名称：鑫源机械有限责任公司 纳税人识别号：912203304455667788 地址、电话：沈阳市大东区大西街368号 024-44882888 开户行及账号：建设银行大东分理处 6226300074 8195				备注	（鑫源机械有限责任公司 发票专用章）	
收款人：	复核：邵苟		开票人：季晓阳		销售方：（章）		

图 4-38 增值税专用发票

商业承兑汇票

| | | | | 2 | 10202160 00324543 |

出票日期（大写）　贰零壹玖年零壹拾月壹拾玖日

付款人	全称	广州福安食品有限公司	收款人	全称	鑫源机械有限责任公司
	账号	221756441444		账号	6226300074 8195
	开户银行	工商银行同和分行		开户银行	建设银行大东分理处

出票金额	人民币（大写）	贰拾柒万壹仟贰佰元整	亿 千 百 十 万 千 百 十 元 角 分
			￥ 2 7 1 2 0 0 0 0

汇票到期日（大写）	贰零贰零年零壹月壹拾玖日	付款人开户行	行号	102227000096
交易合同号码	3124078		地址	广州市白云区同和榕树头

本汇票已经承兑，到期无条件付票款。　　　　本汇票请予以承兑到期日付款。

承兑人签章（广州福安食品有限公司财务专用章 印 杜昆）
承兑日期 2019 年 10 月 19 日

出票人签章（广州福安食品有限公司财务专用章 印 杜昆）

此联持票人开户行随托收凭证寄付款人开户行作借方凭证附件

图 4-39　商业承兑汇票第二联

② 2020 年 1 月 20 日，相关原始凭证如图 4-40 所示。

ICBC 中国工商银行　　托收凭证（付账通知）

委托日期　2020 年 1 月 19 日

业务类型	委托收款（□邮划、☑电划）	托收承付（□邮划、□电划）		
付款人	全称	广州福安食品有限公司	收款人	全称	鑫源机械有限责任公司
	账号	221756441444		账号	6226300074 8195
	地址	广东省广州市县	开户行	工商银行同和分行	地址	辽宁省沈阳市县	开户行	建设银行大东分理处

金额	人民币（大写）	贰拾柒万壹仟贰佰元整	亿 千 百 十 万 千 百 十 元 角 分
			￥ 2 7 1 2 0 0 0 0

款项内容	商业汇票款	托收凭证名称	商业承兑汇票	附寄单证张数	1

商品发运情况		合同名称号码	

备注：

款项收妥日期　　　　收款人开户银行签章（2020.01.20 核算专用章）

复核　　　记账　　　2020 年 1 月 20 日　　　　　　年　月　日

此联收款人开户行给收款人的收账通知

图 4-40　托收凭证第五联

（二）要求

根据资料①，编制记账凭证（凭证编号：12），在表 4-30 中进行操作。

根据资料②，编制记账凭证（凭证编号：18），在表 4-31 中进行操作。

表 4-30

通用记账凭证

年　月　日　　　　　　　　　字第　号

摘要	会计科目		借方金额									贷方金额									记账符号
	总账科目	明细科目	千	百	十	万	千	百	十	元	角	分	千	百	十	万	千	百	十	元	角	分	
附单据　　张　合　计:																						

会计主管人员　　记账　　稽核　　制单　　出纳　　交领款人

表 4-31

通用记账凭证

年　月　日　　　　　　　　　字第　号

摘要	会计科目		借方金额									贷方金额									记账符号
	总账科目	明细科目	千	百	十	万	千	百	十	元	角	分	千	百	十	万	千	百	十	元	角	分	
附单据　　张　合　计:																						

会计主管人员　　记账　　稽核　　制单　　出纳　　交领款人

业务 3 如下所述。

（一）资料

2019 年 10 月 20 日，根据合同规定，鑫源机械有限责任公司向锦州天天配件制造有限责任公司购买 R 型配件，相关原始凭证（增值税专用发票抵扣联略），如图 4-41、图 4-42、图 4-43、图 4-44 所示。

2102103140 辽宁增值税专用发票 No 00564389
开票日期 2019年10月20日

购买方	名　称：	鑫源机械有限责任公司	密码区	（略）
	纳税人识别号：	912203304455667788		
	地址、电话：	沈阳市大东区大西街368号 024－44882888		
	开户行及账号：	建设银行大东分理处 6263000748195		

货物或应税劳务、服务名称	规格型号	单位	数量	单价	金额	税率	税额
配件	Z型	件	2000	100	200000.00	13%	26000.00
合　计					¥200000.00		¥26000.00

价税合计（大写）	⊗ 贰拾贰万陆仟圆整	（小写） ¥226000.00

销售方	名　称：	天天配件制造有限公司	备注	
	纳税人识别号：	912107260160076665		
	地址、电话：	锦州市南京路五段8号 0416－3388566		
	开户行及账号：	建设银行市府路支行 2318455166766		

收款人：方宏　　复核：李娜　　开票人：张超　　销售方：（章）

第三联：发票联　购货方记账凭证

图 4-41　增值税专用发票

银行承兑汇票 （存根）

3　10202150
00025478

出票日期（大写）　贰零壹玖年零壹拾月零贰拾日

出票人全称	鑫源机械有限责任公司	收款人	全　称	天天配件制造有限公司
出票人账号	6263000748195		账　号	23184455166766
付款行全称	建设银行大东分理处		开户银行	锦州银行市府路支行
出票金额	人民币（大写）　贰拾贰万陆仟元整			亿 千 百 十 万 千 百 十 元 角 分 　　　　¥ 2 3 6 0 0 0 0 0
汇票到期日（大写）	贰零贰零年叁月零贰拾日	付款行	行号	10238009
承兑协议编号			地址	沈阳市黄河大街三段12号
		备注		

此联由出票人存查

图 4-42　承兑汇票第三联

银行承兑汇票的内容

银行承兑汇票的内容：
出票人全称：鑫源机械有限责任公司   收款人全称：天天配件制造有限公司
开户银行：建设银行大东分理处   开户银行：锦州银行市府路支行
账号：62263000748195   账号：23184455166766
汇票号码：25478   汇票金额（大写）：贰拾贰万陆仟元整
出票日期：2019 年 10 月 20 日   到期日期：2020 年 03 月 20 日

以上汇票经银行承兑，出票人愿意遵守《支付结算办法》的规定及下列条款：
一、出票人于汇票到期日前将应付票款足额承兑银行。
二、承兑手续费按票面金额万分之五计算，在银行承兑时一次付清。
三、出票人与持票人如发生任何交易纠纷，均由其双方自行处理，票款于到期前应按第一条办理无误。
四、承兑汇票到期日，承兑银行凭票无条件支付票款。如到期日之前不能足额交付票款时，承兑银行对不足支付部分的票款作出票申请人逾期贷款，并按照有关规定计收罚款。
五、承付汇票款付清后，本协议自动失效。

订立承兑协议日期 2019 年 10 月 20 日

图 4-43 承兑汇票的内容

2019 年 10 月 20 日

户名		鑫源机械有限责任公司				账号	62263000748195								
业务种类		□现金支票 □转账支票 □电汇 □汇票委托书 □银行承兑汇票													
		□贷款承诺 □查询查复 □保函 □企业验资 □其他													
业务种类	笔数	工本费	邮电费	手续费	起止号码	金额									
						千	百	十	万	千	百	十	元	角	分
银行承兑汇票	1			113.00						1	1	3	0	0	
合计金额（大写）		壹佰壹拾陆元整									1	1	3	0	0
				银行业务签章											
				复核员：	记账员：					验印：					

图 4-44 业务收费单

（二）要求

编制记账凭证（采用分数编号法，该业务为本月第 23 笔业务），在表 4-32、表 4-33 中进行操作。

表 4-32

通用记账凭证

年　月　日　　　　　　　　　　　　　字第　号

摘要	借方科目		贷方科目		金额										记账符号
	总账科目	明细科目	总账科目	明细科目	千	百	十	万	千	百	十	元	角	分	
附单据　　　张			合　计												

会计主管人员　　　记账　　　稽核　　　制单　　　出纳　　　交领款人

表 4-33

通用记账凭证

年　月　日　　　　　　　　　　　　　字第　号

摘要	借方科目		贷方科目		金额										记账符号
	总账科目	明细科目	总账科目	明细科目	千	百	十	万	千	百	十	元	角	分	
附单据　　　张			合　计												

会计主管人员　　　记账　　　稽核　　　制单　　　出纳　　　交领款人

操作指南

分数编号法

　　一笔经济业务需要编制多张记账凭证时，采用"分数编号法"，如某项经济业务需要编制三张转账凭证，而该凭证的顺序号为7时，编号为 $7\frac{1}{3}$、$7\frac{2}{3}$、$7\frac{3}{3}$。

业务 4 如下所述。

（一）资料

2019 年 10 月 20 日，相关原始凭证如图 4-45、图 4-46 所示。

（复印件）　　　　**银行承兑汇票**　　　　2　　10202150
　　　　　　　　　　　　　　　　　　　　　　　　78654980

出票日期（大写）	贰零壹玖年柒月零贰拾日		
出票人全称	BBA有限公司	全称	鑫源机械有限责任公司
出票人账号	560089000120034	账号	62263000748195
付款行全称	建设银行大连分行		建设银行大东分理处
出票金额	人民币（大写）贰拾肆万元整	亿千百十万千百十元角分　¥240000 00	
汇票到期日（大写）	贰零贰零年壹拾壹月零贰拾日	付款行 行号 地址	
承兑协议编号			

本汇票请你行承兑，到期无条件付款。　　本汇票已经承兑，到期日由行付款　　密押

出票人签章　　承兑行盖章　　承兑日期 2019年10月20日　　备注：　复核：　计帐：

图4-45　承兑汇票第二联

贴现凭证（收账通知）　　4

申请日期 2019年10月20日

贴现汇票	种类	银行承兑汇票	号码	78654980	持票人	名称	鑫源机械有限责任公司
	出票日	贰零壹玖年柒月零贰拾日				账号	62263000748195
	到票日	贰零壹玖年壹拾壹月零贰拾日				开户银行	建设银行大东分理处
汇票承兑人	名称	BBA有限公司	账号	560089000120034		开户银行	建设银行大连分行
汇票金额	人民币（大写）贰拾肆万元整				千百十万千百十元角分　¥240000 00		
贴现率	1%	贴现利息	千百十万千百十元角分　¥2000 00		实付贴现金额	千百十万千百十元角分　¥239800 00	

贴现款项已入你单位账户。　　备注：

银行盖章　2019年10月20日

图4-46　贴现凭证第四联

（二）要求

编制记账凭证（该业务为本月第20笔业务），在表4-34中进行操作。

表4-34

通用记账凭证

年　月　日　　　　　　　　　字第　号

摘要	借方科目		贷方科目		金额										记账符号
	总账科目	明细科目	总账科目	明细科目	千	百	十	万	千	百	十	元	角	分	
附单据　　张			合　计												

会计主管人员　　　记账　　　稽核　　　制单　　　出纳　　　交领款人

任务九　其他业务

一、资料

2019年10月1日，借入3个月期银行借款，如图4-47所示。

中国工商银行　　贷款转存凭证　　　　　　　（借款借据）　001112

2019年10月1日　　　　　　　　　贷款种类：经营周转

借款人	全　称	建设银行沈阳分行	收款人	全　称	鑫源机械有限责任公司
	账　号	62263000000111		账　号	62263000748195
	开户行	建设银行沈阳分行		开户行	建设银行大东分理处
大写金额	（币种）人民币壹拾万元整				￥100000.00

委托你行将上述贷款金额转存/支付鑫源机械有限责任公司存款户。

业务主管：孙骁　　经办人：李刚

合同号：DK23589637

借款期限：2019年10月1日至2019年12月31日

凭证代码：1101

图4-47　贷款转存凭证

2019年10月10日，以银行存款交纳上月房产税和个人所得税，如图4-48所示。

中国工商银行 电子缴税付款凭证

转账日期：2019 年 10 月 10 日　　　　　　　　　凭证字号：3210987012

纳税人全称及纳税人识别号：	鑫源机械有限责任公司	220330445566778	
付款人全称：	鑫源机械有限责任公司		
付款人账号：	62263000748195	征收机关名称：	国家税务总局沈阳市大东区税务局
付款人开户银行：	建设银行大东分理处	缴税国库（银行）名称：	国家金库沈阳市大东区代理支库
小写（合计）金额：	￥4,000.00	缴税 交易流水号：	107200045321
大写（合计）金额：	肆仟元整		税票号码：107200045321

税（费）种名称	所属日期	实缴金额
房产税	20190901-20190930	￥3,000.00
个人所得税	20190901-20190930	￥1,000.00

第 1 次打印　　　　　　　　　　　打印时间：2019 年 10 月 10 日 14 时 56 分

第二联　作付款回单（无银行收讫章无效）　　　复核　　　记账

图 4-48　缴税付款凭证

2019 年 10 月 21 日，购买现金支票，如图 4-49 所示。

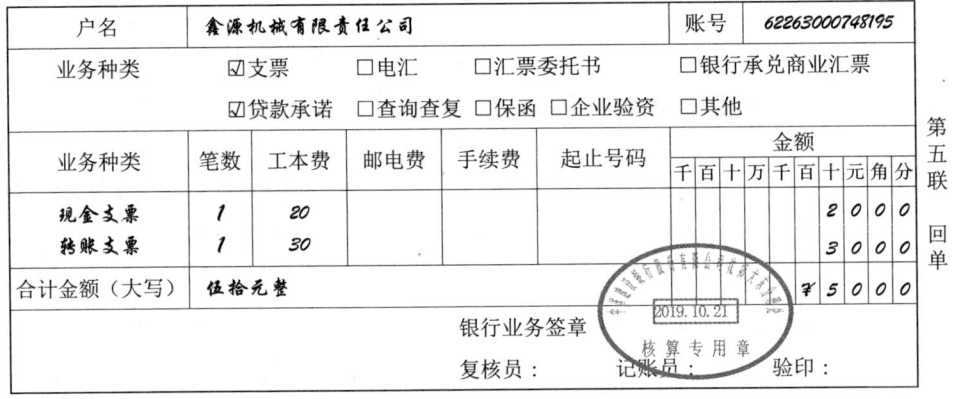

图 4-49　业务收费单

2019 年 10 月 31 日，收到银行存款利息收入，如图 4-50 所示。

银行利息业务回单（收款）

入账日期：2019 年 10 月 31 日　　　　　回单编号：11264000765

付款人户名：	略
付款人账号：	略
付款人开户行：	略
收款人户名：	鑫源机械有限责任公司
收款人账号：	62263000748195
收款人开户行：	建设银行大东分理处
币种：	人民币（本位币）
金额（小写）：	800.00
金额（大写）：	捌佰元整
凭证种类：	
凭证号码：	
业务（产品）种类：利息入账	摘要：利息
交易机构号：760098　记账柜员：7	交易代码：10098　用途：
起息日期：2019-9-30　止息日期：2019-10-31　息余积数：150460.00　利率：0.50%　利息：752.3　调整利息：0.00	
冲正利息：0.00	

（核算专用章 2019.10.31）

图 4-50　利息收入凭证

二、要求

根据上述资料，编制记账凭证（凭证编号为业务题的顺序号），在表 4-35、表 4-36、表 4-37、表 4-38 中进行操作。

表 4-35

通用记账凭证

年　月　日　　　　　　　　　字第　号

摘要	会计科目		借方金额										贷方金额										记账符号
	总账科目	明细科目	千	百	十	万	千	百	十	元	角	分	千	百	十	万	千	百	十	元	角	分	

附单据　　张　合　计：

会计主管人员　　记账　　稽核　　制单　　出纳　　交领款人

表 4-36

通用记账凭证

年　月　日　　　　　　　　　字第　号

摘要	会计科目		借方金额										贷方金额										记账符号
	总账科目	明细科目	千	百	十	万	千	百	十	元	角	分	千	百	十	万	千	百	十	元	角	分	

附单据　　张　合　计：

会计主管人员　　记账　　稽核　　制单　　出纳　　交领款人

表 4-37

通用记账凭证

年　月　日　　　　　　　　　　　字第　号

摘要	会计科目		借方金额									贷方金额									记账符号
	总账科目	明细科目	千	百	十	万	千	百	十	元	角	分	千	百	十	万	千	百	十	元	角	分	
附单据　　张	合　计：																						

会计主管人员　　　记账　　　稽核　　　制单　　　出纳　　　交领款人

表 4-38

通用记账凭证

年　月　日　　　　　　　　　　　字第　号

摘要	会计科目		借方金额									贷方金额									记账符号
	总账科目	明细科目	千	百	十	万	千	百	十	元	角	分	千	百	十	万	千	百	十	元	角	分	
附单据　　张	合　计：																						

会计主管人员　　　记账　　　稽核　　　制单　　　出纳　　　交领款人

任务十　银行存款清查

一、理论知识

为防止记账差错，掌握银行存款实有数，出纳员应定期对银行存款进行清查，银行存款清查一般采用核对账目的方法，即将本企业银行存款日记账和银行转来的对账单逐笔核对。如果两者余额不符，可能存在以下两个原因：一是出现未达账项；二是记账错漏。

（一）未达账项的概念

未达账项是指企业与银行之间对于同一笔业务，一方已经取得结算凭证登记入账，而另一方因未取得结算凭证尚未登记入账的款项。

对于未达账项企业可以通过编制"银行存款余额调节表"进行调节。

（二）银行存款余额调节表的含义

银行存款余额调节表，是在银行对账单余额与企业账面余额的基础上，各自加上对方已收、本单位未收账项数额，减去对方已付、本单位未付账项数额，以调整双方余额使其一致的一种调节方法。

银行存款余额调节表是一种对账记录的工具，它只能起到核对账目的作用，不得用于调整银行存款账面余额，不属于原始凭证。如果余额相等，则一般没错，否则可能记账错漏。

在银行存款余额调节表中，银行对账单指的是银行转来的记录。

（三）银行存款余额调节表的编制方法

银行存款余额调节表的编制方法一般是在双方账面余额的基础上，分别补记对方已记而本方未记账的账项金额，然后验证调节后的双方账目是否相符。

二、实训练习

业务 1 如下所述。

（一）资料

某企业 2019 年 3 月 31 日银行存款日记账余额为 63000 元，银行对账单余额为 120000 元，经核对，发现以下未达账项和错账。

①企业支付电费 2000 元，该项电费银行已于上月份登记入账。

②企业送存转账支票 62000 元，并已入账，但银行尚未入账。

③企业开出转账支票 47000 元，但持票单位尚未到银行办理转账，银行尚未入账。

④企业委托银行收取的货款 77000 元，银行已收妥入账，但企业尚未收到收款通知而未入账。

⑤银行代企业支付水费 5000 元，但企业尚未收到银行付款通知而未入账。

⑥企业开出转账支票 1000 元，登记日记账时错记成 100 元，银行已经登记入账。

（二）要求

根据上述资料编制银行存款余额调节表，在表 4-39 中进行操作。

表 4-39

银行存款余额调节表

年　月　日

项目	金额	项目	金额
企业银行存款日记账的余额		银行对账单的余额	
调节后的存款余额		调节后的存款余额	

业务 2 如下所述。

（一）资料

2019 年 3 月份，宏发公司银行存款日记账记录如表 4-40 所示。

表 4-40

银行存款日记账

2019 年		凭证号	结算凭证号码	摘要	借方	贷方	借或贷	余额
月	日							
3	1			期初余额			借	1115600
	5	××		支付水费		1000	借	略
	26	××	支票 4500 号	付材料款		215600	借	略
	26	××		收到货款	50000		借	略
	27	××	支票 4501 号	付运费		90000	借	略
	28	××	支票 4502 号	支付货款		120000	借	略
	29	××		收到货款	8900		借	略
	31	××	支票 4503 号	支付货款		160000	借	587900
	31			本月合计	58900	586600	借	587900

经查，企业银行存款日记账记录的支付水费 1000 元，该项费用银行已于 2019 年 2 月份登记入账。银行存款日记账上记录的支票 4501 号付运费 9000 元，误记为 90000 元。

2019 年 3 月份，银行对账单记录如表 4-41 所示。

表 4-41

银行对账单

客户名称：宏发公司

2019年		结算凭证号码	摘要	借方	贷方	借或贷	余额
月	日						
3	1		期初余额			贷	1114600
	27	支票4500号	付材料款	215600		贷	
	28	支票4502号	支付货款	120000		贷	
	29	托收承付	代付水费	4500		贷	
	30		转账收入		50000	贷	
	31		利息收入		4120	贷	
	31	支票4503号	支付货款	160000		贷	668620
	31		本月合计	500100	54120	贷	668620

（二）要求

编制宏发公司2019年3月银行存款余额调节表，在表4-42中进行操作。

表 4-42

银行存款余额调节表

年　月　日

项目	金额	项目	金额
企业银行存款日记账的余额		银行对账单的余额	
调节后的存款余额		调节后的存款余额	

项目五　日记账的设置与登记

任务一　会计账簿的启用与交接

会计账簿是全面记录和反映一个单位经济业务，把大量分散的数据进行归类整理，逐步加工成有用会计信息的簿籍，它是编制会计报表的重要依据。登记会计账簿，是会计核算工作的重要环节。因此，《会计基础工作规范》对登记会计账簿问题做出了规定。

一、会计账簿的设置

各单位应当按照国家统一会计制度的规定和会计业务的需要设置会计账簿。会计账簿包括总账、明细账、日记账和其他辅助性账簿。每一项会计事项，一方面要记入有关的总账，另一方面要记入该总账所属的明细账。日记账是一种特殊的明细账，包括库存现金日记账和银行存款日记账。

实行会计电算化的单位，用计算机打印的会计账簿必须连续编号，经审核无误后装订成册，并由记账人员和会计机构负责人、会计主管人员签字或者盖章，以防止账页的散失和被抽换，保证会计数据的完整。

二、会计账簿的种类

（一）按用途分为序时账簿、分类账簿和备查账簿

序时账簿又称日记账，是按照经济业务发生时间的先后顺序逐日、逐笔登记的账簿。

分类账簿是按照会计要素的具体类别而设置的分类账户进行登记的账簿。账簿按其反映经济业务的详细程度，可分为总分类账簿和明细分类账簿。

总分类账簿简称总账，是根据一级会计科目设置的，用以总括反映经济业务的账簿。

明细分类账簿简称明细账，是根据明细会计科目设置的，用以详细反映

经济业务的账簿。明细账是对总账的补充和具体化。

备查账簿又称辅助登记簿或补充登记簿，是指对某些在序时账簿和分类账簿中未能记载或记载不全的经济业务进行补充登记的账簿。

（二）按外形特征分为订本式账簿、活页式账簿和卡片式账簿

订本式账簿简称订本账，是在启用前将编有顺序页码的一定数量账页装订成册的账簿。日记账与总账必须采用订本账。

活页式账簿简称活页账，是将一定数量的账页置于活页夹内，可根据记账内容的变化而随时增加或减少部分账页的账簿。活页账一般适用于明细分类账。

卡片式账簿简称卡片账，是将一定数量的卡片式账页存放于专门的卡片箱中，账页可以根据需要随时增添的账簿。固定资产明细账通常采用卡片账。

此外，账簿按账页格式还可以分为两栏式账簿、三栏式账簿、多栏式账簿、数量金额式账簿、横线登记式账簿。

三、会计账簿的启用

启用会计账簿时，应当在账簿的有关位置记录以下相关信息。

首先，设置账簿的封面。除订本账不另设封面以外，各种活页账都应设置封面和封底，并登记单位名称、账簿名称和所属会计年度。

其次，登记账簿启用及经管人员一览表。在启用会计账簿时，应首先填写扉页上印制的"账簿启用及交接表"中的启用说明，其中包括单位名称、账簿名称、账簿编号、起止日期、单位负责人、主管会计、审计人员和记账人员等项目，并加盖单位公章。在会计人员发生变更时，应办理交接手续并填写"账簿启用及交接表"中的交接说明。

再次，账簿第一页，应设置账户目录，内容包括账户名称，并注明各账户页次。

最后，启用订本式账簿，应按顺序编定页数使用，不得跳页、缺号。使用活页式账页，应按账户顺序编号，并装订成册。年度终了再按实际使用的账页顺序编定页数和建立账户目录。

此外，明细账开始使用时应填写以下信息。

①银行存款日记账中开户银行或户名项应填写其开户行的全称，银行账号项应填写银行账号的全部数位。

②金额三栏式账应填写编号、明细科目和户名项。

③实物类账应填写编号、品名、规格、单位、数量、单价等。

④固定资产账除按实物类账填写外，还应填写使用年限、存放地点等。

⑤序时明细账的预留银行印鉴项，所加盖的印章应与预留在银行的印鉴卡片的印章一致。如需要更换印鉴时，须在备注栏加盖新的印鉴，并注明启用日期。

任务二　日记账的登记

一、理论知识

（一）日记账的设置

实际工作中，日记账包括库存现金日记账和银行存款日记账。

（二）日记账的形式

库存现金日记账和银行存款日记账必须采用订本式账簿，账页格式通常为三栏式。

（三）日记账的登记

库存现金日记账和银行存款日记账，应当根据审核无误的会计凭证，随时逐笔顺序进行登记，最少每天登记一次。

对于登记会计账簿的具体要求，《会计基础工作规范》的规定如下。

①登记会计账簿时，应当将会计凭证日期、编号、业务内容摘要、金额和有关资料逐项记入账内，做到数字准确、摘要清楚、登记及时、字迹工整。

②账簿中书写的文字和数字上面要留有适当空格，不要写满格，一般应占格距的二分之一。

③登记完毕后，要在记账凭证上签名或者盖章，并注明已经登账的符号，表示已经记账。

④库存现金日记账应根据记账凭证逐笔登记。银行存款日记账应根据支票存根或其他银行结算票据逐笔登记，"种类"项按银行结算种类填写，"号数"只填写票据的后四位数。

⑤各种账簿按页次顺序连续登记，不得跳行、隔页。如果发生跑行、隔页，应当将空行、空页的金额栏由右上角向左下角划红线注销，同时在摘要栏注明"此行空白"或"此页空白"字样，并由记账人员压线盖章。

⑥登记账簿要用蓝黑墨水或者碳素墨水书写，不得使用圆珠笔或者铅笔书写，但下列情况可用红色墨水。

第一，按照红字冲账的记账凭证，冲销错误记录。

第二，在不设借贷等栏的多栏式账页中，登记减少数。

第三，划更正线、结账线和注销线。

第四，会计制度中规定用红字登记的其他记录。

⑦库存现金日记账和银行存款日记账必须每天结出余额。结出账户余额后，应在"借或贷"等栏内写明"借"或"贷"等字样，没有余额的账户，应在"借或贷"等栏内写"平"字，并在金额栏内元位上用"0"表示。

⑧每一账页登记完毕结转下页时，应当结出本页合计数及余额，写在本页最后一行和下页第一行有关栏内，并在摘要栏内分别注明"过次页"和"承前页"字样；也可以将本页合计数及金额只写在下页第一行有关栏内，并在摘要栏内注明"承前页"字样。

对"过次页"的本页合计数如何计算，一般分为三种情况：需要结计本月发生额的账户，结计"过次页"的本页合计数应为自本月初起至本页末止的发生额合计数；需要结计本年累计发生额的账户，结计"过次页"的本页合计数应为自年初起至本页末止的累计数；既不需要结计本月发生额也不需要结计本年累计发生额的账户，可以只将每页末的余额结转次页。库存现金日记账和银行存款日记账属于第一种情况。

⑨对账。对账就是核对账目。会计核算要求登记清晰、准确，但在实际工作中，由于种种原因，账目难免会出现错漏，因此需要经常进行对账，即将会计账簿记录的有关数字与库存实物、货币资金、有价证券、往来单位或者个人等进行相互核对，保证账证相符、账账相符、账实相符。《会计基础工作规范》要求，各单位的对账工作每年至少进行一次。

⑩结账。结账是在将本期内所发生的经济业务全部登记入账的基础上，按照规定的方法对该期内的账簿记录进行小结，结算出本期发生额合计和余额，并将其余额结转下期或者转入新账。为了正确反映一定时期内在账簿记录中已经记录的经济业务，总结有关经济业务活动和财务状况，各单位必须在会计期末进行结账，不得为赶编会计报表而提前结账。

结账前，必须将本期内发生的各项经济业务全部登记入账，属于本期调整的账项也要按规定全部结转有关账簿。

每月结账时，库存现金日记账、银行存款日记账要在最后一笔经济业务记录下面通栏划单红线，结出本月发生额和余额，在摘要栏内注明"本月合计"字样，在下面再通栏划单红线。

年度终了结账时，有余额的账户，要将其余额结转下年。结转的方法是，将有余额的账户的余额直接记入新账余额栏内，不需要编制记账凭证，也不必将余额再记入本年账户的借方或贷方,使本年有余额的账户的余额变为零。因为,既然年末是有余额的账户,其余额应当如实地在账户中加以反映,否则容易混淆有余额的账户和没有余额的账户。

对于新的会计年度建账问题,一般来说,日记账应每年更换一次。

⑪账簿记录的错误更正。如果会计账簿记录发生错误,不允许用涂改、挖补、刮擦、药水消除字迹等手段更正错误,也不允许重抄,而应当根据情况,按照规定采用划线更正法等进行更正;由于记账凭证错误而使账簿记录发生错误,应当首先更正记账凭证,然后再按更正的记账凭证登记账簿。

二、实训练习

(一)资料

鑫源机械有限责任公司 2019 年 8 月发生如下经济业务。

15 日,采购员章红预借差旅费 4500 元,签发现金支票支付。

16 日,持银行汇票向泰山商贸有限公司购买 T 材料,增值税专用发票上注明:数量 45 千克,单价 200 元,金额 9000 元,增值税税额 1170 元,共计 10170 元,材料验收入库。

21 日,签发转账支票支付前欠鑫源股份有限公司货款 10530 元。

24 日,签发现金支票提取现金 21000 元,备发工资。

24 日,以现金发放工资 21000 元。

25 日,向景蓝公司销售甲产品,增值税专用发票上注明:数量 50 件,单价 1000 元,金额 50000 元,增值税税额 6500 元,共计 56500 元,产品已发出,款已收存银行。

28 日,章红出差回来报销差旅费 4200 元,交回现金余款 300 元。

28 日,申请办理银行本票 120000 元。

29 日,开出转账支票向灾区捐款 100000 元。

30 日,收到职工王洋交来的违反操作规程的罚款现金 200 元。

30 日,将当日多余现金 200 元存入银行。

(二)要求

根据上述经济业务编制记账凭证,按经济业务的先后顺序编号,在表 5-1 至表 5-11 中进行操作。

根据编制的记账凭证,登记银行存款日记账并结账(银行存款的期初余额为 426300 元),在表 5-12、表 5-13 中进行操作。

根据编制的记账凭证,登记库存现金日记账并结账(库存现金的期初余额为1500元），在表5-14中进行操作。

表 5-1

通用记账凭证

年　月　日　　　　　　　　　字第　号

摘要	会计科目		借方金额									贷方金额									记账符号
	总账科目	明细科目	千	百	十	万	千	百	十	元	角	分	千	百	十	万	千	百	十	元	角	分	
附单据　张　合　计：																							

会计主管人员　　　记账　　　稽核　　　制单　　　出纳　　　交领款人

表 5-2

通用记账凭证

年　月　日　　　　　　　　　字第　号

摘要	会计科目		借方金额									贷方金额									记账符号
	总账科目	明细科目	千	百	十	万	千	百	十	元	角	分	千	百	十	万	千	百	十	元	角	分	
附单据　张　合　计：																							

会计主管人员　　　记账　　　稽核　　　制单　　　出纳　　　交领款人

表 5-3

通用记账凭证

年　月　日　　　　　　　　　字第　号

摘要	会计科目		借方金额									贷方金额									记账符号
	总账科目	明细科目	千	百	十	万	千	百	十	元	角	分	千	百	十	万	千	百	十	元	角	分	
附单据　张　合　计：																							

会计主管人员　　　记账　　　稽核　　　制单　　　出纳　　　交领款人

表 5-4

通用记账凭证

年　月　日　　　　　　　　　字第　号

摘要	会计科目		借方金额									贷方金额									记账符号
	总账科目	明细科目	千	百	十	万	千	百	十	元	角	分	千	百	十	万	千	百	十	元	角	分	
附单据　　张　合　计：																						

会计主管人员　　　记账　　　稽核　　　制单　　　出纳　　　交领款人

表 5-5

通用记账凭证

年　月　日　　　　　　　　　字第　号

摘要	会计科目		借方金额									贷方金额									记账符号
	总账科目	明细科目	千	百	十	万	千	百	十	元	角	分	千	百	十	万	千	百	十	元	角	分	
附单据　　张　合　计：																						

会计主管人员　　　记账　　　稽核　　　制单　　　出纳　　　交领款人

表 5-6

通用记账凭证

年　月　日　　　　　　　　　字第　号

摘要	会计科目		借方金额									贷方金额									记账符号
	总账科目	明细科目	千	百	十	万	千	百	十	元	角	分	千	百	十	万	千	百	十	元	角	分	
附单据　　张　合　计：																						

会计主管人员　　　记账　　　稽核　　　制单　　　出纳　　　交领款人

表 5-7

通用记账凭证

年　月　日　　　　　　　　　字第　号

摘要	会计科目		借方金额										贷方金额										记账符号
	总账科目	明细科目	千	百	十	万	千	百	十	元	角	分	千	百	十	万	千	百	十	元	角	分	
附单据　　张　合　计:																							

会计主管人员　　　记账　　　稽核　　　制单　　　出纳　　　交领款人

表 5-8

通用记账凭证

年　月　日　　　　　　　　　字第　号

摘要	会计科目		借方金额										贷方金额										记账符号
	总账科目	明细科目	千	百	十	万	千	百	十	元	角	分	千	百	十	万	千	百	十	元	角	分	
附单据　　张　合　计:																							

会计主管人员　　　记账　　　稽核　　　制单　　　出纳　　　交领款人

表 5-9

通用记账凭证

年　月　日　　　　　　　　　字第　号

摘要	会计科目		借方金额										贷方金额										记账符号
	总账科目	明细科目	千	百	十	万	千	百	十	元	角	分	千	百	十	万	千	百	十	元	角	分	
附单据　　张　合　计:																							

会计主管人员　　　记账　　　稽核　　　制单　　　出纳　　　交领款人

表 5-10

通用记账凭证

年　月　日　　　　　　　　　字第　号

摘要	会计科目		借方金额										贷方金额										记账符号
	总账科目	明细科目	千	百	十	万	千	百	十	元	角	分	千	百	十	万	千	百	十	元	角	分	

附单据　　张　合　计：

会计主管人员　　　记账　　　稽核　　　制单　　　出纳　　　交领款人

表 5-11

通用记账凭证

年　月　日　　　　　　　　　字第　号

摘要	会计科目		借方金额										贷方金额										记账符号
	总账科目	明细科目	千	百	十	万	千	百	十	元	角	分	千	百	十	万	千	百	十	元	角	分	

附单据　　张　合　计：

会计主管人员　　　记账　　　稽核　　　制单　　　出纳　　　交领款人

表 5-12

银行存款日记账

年		凭证编号	摘要	借方										贷方										借或贷	余额									
月	日			千	百	十	万	千	百	十	元	角	分	千	百	十	万	千	百	十	元	角	分	√	千	百	十	万	千	百	十	元	角	分

表 5-13

银行存款日记账

年		凭证编号	摘要	借方 千 百 十 万 千 百 十 元 角 分	贷方 千 百 十 万 千 百 十 元 角 分	借或贷	余额 千 百 十 万 千 百 十 元 角 分
月	日					√	

表 5-14

库存现金日记账

年		凭证编号	摘要	借方 千 百 十 万 千 百 十 元 角 分	贷方 千 百 十 万 千 百 十 元 角 分	借或贷	余额 千 百 十 万 千 百 十 元 角 分
月	日					√	

任务三 错账更正

一、理论知识

尽管在登记账簿之前对会计凭证进行过数次审核，但由于各种原因，账簿登记仍然会出现错误，发现错误后，要及时更正。《会计基础工作规范》第六十二条规定，账簿记录发生错误，不准涂改、挖补、刮擦或者用药水消除字迹，不准重新抄写，必须按照规定的错账更正方法进行更正。

错账更正方法一般包括三种：划线更正法、红字冲销法、补充登记法。

（一）划线更正法

适用：月末结账前，记账凭证正确而账簿记录错误。

具体做法如下所述。

①文字错误。首先在错误的文字正中划一条红线，表示错误的内容已被注销，然后将正确的文字用蓝、黑色墨水笔书写在被注销的文字上端的空白

处，并由记账人员在更正处签章。

②数字错误。首先在错误的全部数字正中划一条红线，表示错误的内容已被注销，然后将正确的数字用蓝、黑色墨水笔书写在被注销的数字上端的空白处，并由记账人员在更正处签章。

注意：如系文字错误，可以只更正个别错字；如系数字错误，必须将错误数字全部注销，不能只注销该数字中的个别错误数字。

（二）红字冲销法（又称红字更正法、赤字冲销法）

适用：已根据记账凭证登记账簿，但记账凭证的账户名称、记账方向错误、金额多记，造成账簿记录错误。

具体做法如下所述。

①记账后，发现据以记账的记账凭证上账户名称写错或记账方向错误而导致账簿记录错误。

首先用红字填写一张与原内容相同的记账凭证，在摘要栏注明"注销×年×月×日×号凭证"字样，并根据该红字凭证登记入账，然后用蓝字填写一张正确的记账凭证，在摘要栏注明"订正×年×月×日×号凭证"字样，并根据该蓝字凭证登记入账。

②已根据记账凭证登记账簿，但记账凭证上所记的金额大于经济业务的实际金额，造成账簿记录中金额错误。

按多记金额用红字填制一张记账凭证，该凭证中的账户名称、记账方向与原记账凭证相同，并在摘要栏注明"冲销×年×月×日×号凭证多记金额"字样，并据以登记入账。

（三）补充登记法

适用：已根据记账凭证登记账簿，记账凭证上账户名称、记账方向正确但金额少记，造成账簿记录错误。

具体做法如下所述。

按照少记的金额，填写一张记账凭证，该凭证中的账户名称、记账方向与原记账凭证相同，并在摘要栏注明"补充×年×月×日×号凭证少记金额"字样，并据以登记入账。

注意：

如果记账凭证填制错误，但尚未登记入账，那么可以将错误记账凭证作废，重新填制正确的记账凭证。

红字冲销法、补充登记法适用于已根据记账凭证登记账簿（即记账）后，对是否结账没有要求的错账更正。

二、实训练习

业务 1 如下所述。

（一）资料

龙升公司 2019 年 5 月 12 日，从银行借入短期借款 100000 元存入银行。填制记账凭证如表 5-15 所示，并已登记入账，查账时发现错误。

表 5-15

通用记账凭证

2019 年 5 月 12 日　　　　　　　　　　　　　　凭证编号：21

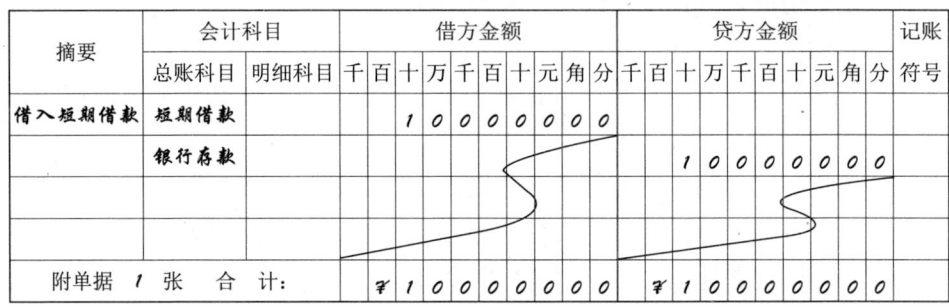

摘要	会计科目		借方金额									贷方金额									记账
	总账科目	明细科目	千	百	十	万	千	百	十	元	角	分	千	百	十	万	千	百	十	元	角	分	符号
借入短期借款	短期借款				1	0	0	0	0	0	0	0											
	银行存款														1	0	0	0	0	0	0	0	
附单据 1 张　合　计：			¥	1	0	0	0	0	0	0	0	0	¥	1	0	0	0	0	0	0	0	0	

会计主管人员 房丽凤　　记账 王丽　　稽核 张立军　　制单 张一　　出纳 李东

（二）要求

审核记账凭证，填制更正错账的记账凭证（本月第 27 笔业务），在表 5-16、表 5-17 中进行操作。

根据更正错账的记账凭证登记银行存款日记账并结账，在表 5-18 中进行操作。

表 5-16

通用记账凭证

　　　　年　　月　　日　　　　　　　　　　　凭证编号：

摘要	会计科目		借方金额										贷方金额										记账
	总账科目	明细科目	千	百	十	万	千	百	十	元	角	分	千	百	十	万	千	百	十	元	角	分	符号
附单据　　张　合　计：																							

会计主管人员　　　　记账　　　　稽核　　　　制单　　　　出纳

表 5-17

通用记账凭证

年　月　日　　　　　　　　　　凭证编号：

摘要	会计科目		借方金额									贷方金额									记账符号
	总账科目	明细科目	千	百	十	万	千	百	十	元	角	分	千	百	十	万	千	百	十	元	角	分	

附单据　　张　合　计：

会计主管人员　　　记账　　　稽核　　　制单　　　出纳

表 5-18

银行存款日记账

2019年		凭证编号	摘要	借方									贷方									借或贷	余额								
月	日			千	百	十	万	千	百	十	元	角	分	千	百	十	万	千	百	十	元	角	分		千	百	十	万	千	百	十	元	角	分
5	1		期初余额																					借			3	5	0	0	0	0	0	0
	12	21	借入短期借款														1	0	0	0	0	0	0	0	借			2	5	0	0	0	0	0	0

业务 2 如下所述。

（一）资料

龙升公司 2019 年 5 月 31 日，结转已销产品成本 1380 元，记账凭证如表 5-19 所示，并已登记入账，查账时发现错误。

表 5-19

通用记账凭证

2019 年 5 月 31 日　　　　　　　凭证编号：45

摘要	会计科目		借方金额									贷方金额									记账符号
	总账科目	明细科目	千	百	十	万	千	百	十	元	角	分	千	百	十	万	千	百	十	元	角	分	
结转已销产品成本	主营业务成本	A产品					1	3	8	0	0	0											
	库存商品	A产品															1	3	8	0	0	0	

附单据　1　张　合　计：　　　　¥1 3 8 0 0 0　　　¥1 3 8 0 0 0

会计主管人员　　　记账 周涛　　稽核　　　制单 王红　　出纳

（二）要求

审核记账凭证，填制更正错账的记账凭证（本月第52笔业务），在表5-20中进行操作。

表5-20

通用记账凭证

年　月　日　　　　　　　　　　　　　　凭证编号：

摘要	会计科目		借方金额									贷方金额									记账符号
	总账科目	明细科目	千	百	十	万	千	百	十	元	角	分	千	百	十	万	千	百	十	元	角	分	
附单据　　张	合　计：																					

会计主管人员　　　记账　　　稽核　　　制单　　　出纳

业务3如下所述。

（一）资料

宏达公司2019年5月11日，从银行提取现金89000元（现金缴款单略）。填制记账凭证如表5-21所示，并已登记入账，查账时发现错误。

表5-21

付款记账凭证

贷方科目　银行存款　　　　　2019年5月11日　　　　　现付字第14号

摘要	结算方式	票号	借方科目		金额									记账符号
			总账科目	明细科目	千	百	十	万	千	百	十	元	角	分	
提现			其他货币资金				8	9	0	0	0	0	0	
附单据 1 张			合　计		￥	8	9	0	0	0	0	0		

（二）要求

审核记账凭证，指出用何种方法更正错账？

填制更正错账的记账凭证（本月第20笔业务），在表5-22、表5-23中进行操作。

表 5-22

付款记账凭证

贷方科目   年   月   日   字第   号

摘要	结算方式	票号	借方科目		金额									记账符号
			总账科目	明细科目	千	百	十	万	千	百	十	元	角	分	
附单据		张	合 计												

表 5-23

付款记账凭证

贷方科目   年   月   日   字第   号

摘要	结算方式	票号	借方科目		金额									记账符号
			总账科目	明细科目	千	百	十	万	千	百	十	元	角	分	
附单据		张	合 计												

业务 4 如下所述。

（一）资料

长生公司 2019 年 5 月 31 日，结转完工入库的甲产品成本 123000 元（完工产品入库单略）。填制记账凭证如表 5-24 所示，并已登记入账，查账时发现错误。

表 5-24

通用记账凭证

2019 年 5 月 31 日   记字第 12 号

摘要	会计科目		借方金额									贷方金额									记账符号
	总账科目	明细科目	千	百	十	万	千	百	十	元	角	分	千	百	十	万	千	百	十	元	角	分	
完工产品入库	库存商品	甲产品				1	2	3	0	0	0	0										
	生产成本	甲产品														1	2	3	0	0	0	0	
附单据 1 张 合计：			¥	1	2	3	0	0	0	0			¥	1	2	3	0	0	0	0		

会计主管人员   记账   稽核   制单   出纳

（二）要求

审核记账凭证，指出用何种方法更正错账？

填制更正错账的记账凭证（本月第15笔业务），在表5-25中进行操作。

表5-25

通用记账凭证

年　月　日　　　　　　　　　　　字第　号

摘要	会计科目		借方金额	贷方金额	记账符号
	总账科目	明细科目	千百十万千百十元角分	千百十万千百十元角分	
附单据　张　合　计：					

会计主管人员　　　记账　　　稽核　　　制单　　　出纳

业务5如下所述。

（一）资料

上海某公司2019年2月22日，采用托收承付方式向天宇机械公司销售甲产品，开出的增值税专用发票上注明：价款64000元，增值税税额8320元，价税合计72320元。向上海市铁路局签发转账支票支付代垫运费4600元，到银行办理托收手续，银行受理后退回托收凭证受理回单。编制的记账凭证和登账情况如表5-26、表5-27所示。

表5-26

记账凭证

2019年2月22日　　　　　　　　　记字第49号

摘要	会计科目		借方金额	贷方金额	记账符号
	总账科目	明细科目	千百十万千百十元角分	千百十万千百十元角分	
销售甲产品	应收账款	天宇机械公司	7 6 9 2 0 0 0		
	主营业务收入	甲产品		6 4 0 0 0 0 0	
	应交税费	应交增值税（销项税额）		8 3 2 0 0 0	
	银行存款			4 6 0 0 0 0	√
附单据 4 张　合　计：			¥ 7 6 9 2 0 0 0	¥ 7 6 9 2 0 0 0	

会计主管人员 李奇　　记账　　稽核 李奇　　制单 李平　　出纳 张红

图表 5-27

银行存款日记账　　　　　　　3

2019年		凭证编号	摘要	借方									贷方									借或贷	余额								
月	日			千	百	十	万	千	百	十	元	角	分	千	百	十	万	千	百	十	元	角	分		千	百	十	万	千	百	十	元	角	分
2	13		承前页				4	3	0	0	0	0	0				2	7	0	0	0	0	0	借					8	5	4	2	8	0	0
	22	记49	代垫运杂费															4	6	0	0	0	0	0											

（二）要求

用何种方法更正错账？

更正错账。

项目六　出纳工作交接

一、需要办理出纳工作交接的情形

《中华人民共和国会计法》第四十一条规定，"会计人员调动工作或者离职，必须与接管人员办清交接手续"。除此之外，会计人员在临时离职或其他原因暂时不能工作时，也应办理会计工作交接。《会计基础工作规范》对此做了进一步的规定，第二十五条规定，"会计人员工作调动或者因故离职，必须将本人所经管的会计工作全部移交给接替人员。没有办清交接手续的，不得调动或者离职。"第三十三条规定，"会计人员临时离职或者因病不能工作且需要接替或者代理的，会计机构负责人、会计主管人员或者单位领导人必须指定有关人员接替或者代理，并办理交接手续。"

出纳人员办理交接手续的主要原因有：
①出纳员因辞职、调动而离开单位；
②企业内部工作变动不再担任出纳职务；
③出纳岗位轮岗调换到会计岗位；
④出纳岗位内部增加或减少工作人员进行重新分工；
⑤因病事假或临时调用，不能继续从事出纳工作；
⑥因特殊情况如停职审查等按规定不宜继续从事出纳工作；
⑦上述被代理人员回到原出纳岗位恢复工作；
⑧企业因其他情况按规定应办理出纳交接，如企业破产、解散、清算等情况发生时，出纳人员应向接收单位或清算组办理移交。

二、出纳的交接内容

出纳交接的具体内容一般包括以下几个方面。
①现金，包括现钞、外币、金银珠宝、其他贵重物品。
②有价证券，包括国库券、债券、股票等。
③支票，包括空白支票和作废支票。

④发票,包括空白发票和已用发票(含作废发票)。

⑤收款收据,包括空白收据和已用收据(含作废收据)。

⑥财务印章,包括财务专用章、发票专用章、银行预留印鉴、现金收讫章、现金付讫章、银行收讫章、银行付讫章等。

⑦会计凭证,包括原始凭证和记账凭证。

⑧会计账簿,包括现金日记账、银行存款日记账和备查账簿。

⑨其他会计资料和物品,包括银行对账单,应由出纳员保管的证件、合同、协议,在实行电算化的企业,还包括会计软件及密码、会计软件数据磁盘、计算器、U盘等。

三、出纳工作交接的步骤

出纳人员办理交接一般分为两个步骤。

(一)交接前的准备工作

为了保证交接工作的顺利进行,出纳人员在交接前必须做好以下几项工作。

①对尚未登记完的现金日记账、银行存款日记账,应当登记完毕,并在最后一笔余额后加盖经办人员印章。

②将现金日记账、银行存款日记账和现金总账、银行存款总账核对,现金日记账账面余额和库存现金实有数核对,银行存款日记账和银行对账单核对,如果不一致,应编制银行存款余额调节表进行调节使其相符。

③整理好应该移交的各项资料,对未了事项和遗留问题要写出书面说明材料。

④编制移交清册,列明应当移交的会计凭证、会计账簿、库存现金、有价证券、支票及支票领用簿、发票及发票领用簿、文件、印章以及其他会计资料和物品,实行会计电算化的单位,还应列明会计软件及密码、会计软件数据磁盘等。

(二)移交点收

办理正式移交时,必须有监交人员在场负责监交。一般出纳人员交接时,由企业会计机构负责人、会计主管人员负责监交工作。办理交接时,移交人员要按移交清册逐项移交,接替人员要逐项核对点收。

①库存现金要根据现金日记账记录余额当面点交,不得短缺。接替人员发现不一致或者"白条抵库"现象时,移交人员在规定期限内负责查清处理。

②有价证券的数量要与会计账簿记录一致。有价证券的面额与发行价不

一致时,按照会计账簿余额交接。

③银行存款日记账余额要与银行对账单核对,如果一致,方可移交;如果不一致,应编制银行存款余额调节表进行调节使其相符;如果调节后仍不相符,应由移交人员负责查明原因,并在移交清册中注明。

④出纳账簿和其他会计资料必须完整无缺。如有短缺必须查清原因,并在移交清册中注明,由移交人员负责。

⑤公章、收据、空白支票、发票、科目印章以及其他物品等必须交接清楚。在实行电算化的企业,移交人员对有关电子数据必须在实际操作状态下进行交接。

⑥交接完毕后,交接双方和监交人员要在移交清册上签名或者盖章,并应在移交清册上注明:单位名称、交接日期、交接双方和监交人员的职务、姓名,移交清册页数以及需要说明的问题和意见等。

⑦接管人员应继续使用移交前的账簿,不得擅自另立账簿,以保证会计记录前后衔接,内容完整。

⑧移交清册一般应填制一式三份,交接双方各执一份,存档一份。

⑨交接工作完成后,移交人员所移交的会计凭证、会计账簿和其他会计资料是在其经办出纳工作期间发生的,其应对这些会计资料的真实性、完整性负责,即便接替人员在交接时因疏忽没有发现所接的会计资料在真实性、完整性方面存在的问题,如事后发现仍应由原移交人员负责,原移交人员不得以会计资料已经移交而推脱责任。

四、出纳工作交接实例

锦宁市利达公司原出纳员张晓丽因调离出纳岗位,经研究决定由李晓敏接替,财务处长王楠负责监交。办理交接的过程如下所述。

①在11月1日前,由移交人张晓丽将应移交的有关出纳资料准备齐全,并编制好出纳交接表,如表6-1所示。

②11月1日,在监交人王楠的监督下,移交人张晓丽按出纳交接表所列项目将准备齐全的资料逐一交给接替人李晓敏,并由接替人李晓敏逐一清点、核对。

③双方移交完毕并确定无误后由移交人员张晓丽、接替人员李晓敏和监交人员王楠在移交清册上签名或者盖章。

表 6-1

出纳工作交接表

出纳员张晓丽因调离本单位，经研究决定由李晓敏接替，现根据《会计基础工作规范》办理交接手续。

1. 交接日期

2017 年 11 月 1 日。

2. 具体业务的移交

①库存现金。11 月 1 日账目余额 3206 元与实存数相符，日记账余额与总账相符。

②银行存款。银行存款为 679020 元，经编制"银行存款余额调节表"核对账实相符。

3. 移交的会计资料、文件

① 2017 年度现金日记账一本。

② 2017 年度银行存款日记账三本。

③空白现金支票 20 张（编号 00569021 至 00569040）。

④空白转账支票 12 张（编号 00205012 至 00205023）。

⑤托收承付、委托收款登记簿一本。

⑥托收承付、委托付款登记簿一本。

⑦应付票据备查簿一本。

⑧转账支票领用登记簿一本。

⑨银行对账单 2017 年 1—10 月份 10 张，10 月份未达账项说明一份。

4. 公章

①锦宁市利达公司法人章一枚。

②锦宁市利达公司财务专用章一枚。

③锦宁市利达公司银行收讫印章一枚。

④锦宁市利达公司银行付讫印章一枚。

⑤锦宁市利达公司现金收讫印章一枚。

⑥锦宁市利达公司现金付讫印章一枚。

⑦锦宁市利达公司转讫印章一枚。

5. 交接工作责任确定

2017 年 11 月 1 日前的出纳责任事项由张晓丽承担，2017 年 11 月 1 日及以后的出纳责任事项由李晓敏承担，以上交接事项均经双方确认无误。

6. 交接书格式

本交接书一式三份，交接双方各执一份，存档一份。

移交人：张晓丽

接管人：李晓敏

监交人：王楠

锦宁市利达公司财务处（盖章）

2017 年 11 月 1 日

项目七　分项目实训

本项目会计主体除特殊说明外，均为宏达服饰有限责任公司，该公司为增值税一般纳税人，适用增值税税率13%，有关资料如下：

地址及电话：沈阳市浑南新区469号，024-35627000

开户银行及账号：建设银行沈阳浑南支行，10020054912-356

纳税人识别号：912102002395498141

法人代表：刘宏达

会计主管：张莉，负责审核会计凭证

会计：郑海，负责编制记账凭证

出纳：刘晓慧（身份证号230733199111304515），负责库存现金与银行存款收付业务

　　开票人：刘宇　　　　采购部主任：孙海宁

　　仓库主管：关永海　　保管员：刘丽华

　　检验员：张宁　　　　领料部门负责人：刘旭

　　领料人：张潮

实训一　人民币大、小写金额与大写日期的书写

练习大小写金额的书写，在表7-1中进行操作。

表7-1

大小写金额的书写

金额数字	大写金额	有数字分割线的小写金额							
		千	百	十	万	千	百	十	元	角	分
34870元											
54960.2元											
179520元											
79342.8元											

续表

金额数字	大写金额	有数字分割线的小写金额								
		千	百	十	万	千	百	十	元	角	分
9802450.03 元											
1020008.3 元											
702000 元											
10500860 元											
3540.2 元											

练习大写金额的书写（填空式用两种填列方法），在表 7-2 中进行操作。

表 7-2

大写金额的书写

序号	方法		金额	¥495080.00								
1	填空式	金额合计（大写）	仟	佰	拾	万	仟	佰	拾	元	角	分
2	填空式	金额合计（大写）	仟	佰	拾	万	仟	佰	拾	元	角	分
3	非填空式	金额（大写）										
4	非填空式	金　额（大写）										
5	非填空式	人民币（大写）										

练习大写金额的书写，在表 7-3 中进行操作。

表 7-3

大写金额的书写

序号	小写金额	大写金额（填空式）
1	¥54780.00	仟佰拾万仟佰拾元角分
2	¥426920.05	仟佰拾万仟佰拾元角分
3	¥493520.53	仟佰拾万仟佰拾元角分
4	¥136850.00	仟佰拾万仟佰拾元角分
5	¥2300800.10	仟佰拾万仟佰拾元角分
6	¥0.90	仟佰拾万仟佰拾元角分

练习大写日期的书写，在表 7-4 中进行操作。

表 7-4

大写金额的书写

序号	小写日期	大写日期		
1	2018 年 5 月 20 日	年	月	日
2	2016 年 1 月 3 日	年	月	日
3	2017 年 2 月 18 日	年	月	日

续表

序号	小写日期	大写日期		
		年	月	日
4	2018年4月29日	年	月	日
5	2019年5月30日	年	月	日
6	2018年10月6日	年	月	日
7	2018年9月12日	年	月	日
8	2017年12月10日	年	月	日
9	2019年1月20日	年	月	日
10	2018年12月16日	年	月	日

实训二　收款收据和现金缴款单

【实训1】2019年8月5日，收到沈阳纺织品有限公司郭海涛交来包装物押金800元现金。

要求：填写收款收据表7-5。

编制记账凭证（该业务为本月第5笔业务），在表7-6中进行操作。

表7-5

收款收据　　　　　　　NO：00288256

收款日期　年　月　日

付款单位（交款人）		收款单位收款人			收款项目		
人民币（大写）			千百十万千百十元角分			结算方式	
收款事由			经办	部门人员			
上述款项照数收讫无误．收款单位财务专用章：（领款人签章）			会计主管	稽核	出纳	交款人	

第二联　收款单位记账凭证

表7-6

通用记账凭证

年　月　日　　　　　　字第　号

摘要	会计科目		借方金额		贷方金额		记账符号
	总账科目	明细科目	千百十万千百十元角分		千百十万千百十元角分		
附单据　　张　合计：							

会计主管人员　　　记账　　　稽核　　　制单　　　出纳　　　交领款人

【实训2】2019年8月5日，收到本公司一车间工人周宇交来的违章罚款100元现金，出纳开具收款收据。

要求：填写收款收据表7-7。

编制记账凭证（该业务为本月第6笔业务），在表7-8中进行操作。

表7-7

收 款　　　　　　　　　　　字No 0372217

年　　月　　日

今收到		
交来		
人民币（大写）		¥
收款单位：（盖章）	收款人	交款人

第三联 收据联

表7-8

通用记账凭证

年　月　日　　　　　　　字第　号

摘要	会计科目		借方金额									贷方金额									记账符号
	总账科目	明细科目	千	百	十	万	千	百	十	元	角	分	千	百	十	万	千	百	十	元	角	分	
附单据　　张　合计：																						

会计主管人员　　记账　　稽核　　制单　　出纳　　交领款人

【实训3】2019年8月5日，将收到的包装物押金800元现金和违章罚款100元现金存入银行。

要求：填写现金缴款单表7-9。

编制记账凭证（该业务为本月第8笔业务），在表7-10中进行操作。

表 7-9

中国建设银行现金缴款单（回 单）1

币别：						年	月	日						
缴款单位					缴款人									
款项类别					账号				开户银行					
大写金额	人民币（大写）					亿	千	百	十	万	千	百	十	元 角 分
票面	张数	亿	千	百	十	万	千	百	十	元	角	分	合计	科目（贷）
100元														对方科目（借）
50元														
10元														

表 7-10

通 用 记 账 凭 证

年 月 日　　　　字第 号

摘要	会计科目		借方金额										贷方金额										记账符号
	总账科目	明细科目	千	百	十	万	千	百	十	元	角	分	千	百	十	万	千	百	十	元	角	分	
附单据　　张 合计																								

会计主管人员　　记账　　稽核　　制单　　出纳　　交领款人

【实训 4】2019 年 8 月 8 日，宏达服饰有限责任公司取得原始凭证如表 7-11 所示。

表 7-11

中国工商银行　现 金 缴 款 单

缴款日期：2019 年 8 月 8 日

券种明细															
券种	张数	金额	缴款金额	全称	宏达服饰有限责任公司		账号	10020054912-356							
壹佰元	8	800		开户银行	建设银行沈阳浑南支行										
伍拾元	1	50		款项来源	销货款			百	十	万	千	百	十	元	角 分
贰拾元	5	100													
拾元	3	30		人民币（大写）	玖佰捌拾元整				￥	9	8	0	0	0	
伍元															
贰元															
壹元															
伍角				现　金		复核员	出纳收款员 2019.08.08								
贰角															
壹角				收　讫		复核员	记账员								
伍分															
贰分															
壹分															
合计	17	980													

第一联：回单

要求：编制记账凭证（该业务为本月第11笔业务），在表7-12中进行操作。

表7-12

通用记账凭证

年　月　日　　　　　　　　字第　号

摘要	会计科目		借方金额									贷方金额									记账符号
	总账科目	明细科目	千	百	十	万	千	百	十	元	角	分	千	百	十	万	千	百	十	元	角	分	
附单据　　张	合　计：																						

会计主管人员　　　记账　　　稽核　　　制单　　　出纳　　　交领款人

实训三　借款单和出差旅费报销单

【实训1】2019年8月8日，公司采购部职工赵博到上海参加供应商洽谈会，经批准预借差旅费3000元，财务人员审核后付给现金。出差天数为3天。

要求：填写借款单并编制记账凭证（该业务为本月第12笔业务），在表7-13、表7-14（借款单采用两种格式）、表7-15中进行操作。

表7-13

借　款　单（记账）

年　月　日　　　　　　　　顺序第　号

借款单位	*	姓名	*	级别	*	出差地点	*	第三联借款记账凭证
						天　数	*	
事由		借款金额（大写）		*		￥		
部门负责人签署		借款人签署				注意事项	一、有※者由借款人填写 二、凡借用公款必须使用本单 三、第三联为正式借据由借款人和单位负责人签章 四、出差返回有三天内结算	
单位负责人签署		审核意见						

表 7-14

借 款 单

年　　月　　日

借款部门		借款人	
借款金额	人民币 （大写）		¥
借款用途			
单位负责人		部门负责人	
财务负责人		出纳	

表 7-15

通 用 记 账 凭 证

年　　月　　日　　　　　　　　　　字第　　号

摘要	借方科目		贷方科目		金额										记账符号
	总账科目	明细科目	总账科目	明细科目	千	百	十	万	千	百	十	元	角	分	
附单据		张	合　　计												

会计主管人员　　　记账　　　稽核　　　制单　　　出纳　　　交领款人

【实训2】2019年8月9日，公司采购部职工刘旭涛从朝阳采购材料回来报销差旅费，为期4天，报销差旅费2160元，其中往返火车票2张（沈阳到朝阳8:06–10:36，朝阳到沈阳17:10–19:42），金额均为120元，住宿费发票1张，金额1400元，市内交通补助80元/天，出差伙食补助50元/天。结清前预借款2000元，余款补付现金。

要求：填写差旅费报销单并编制记账凭证（该业务为本月第15笔业务），在表7-16、表7-17（差旅费报销单采用两种格式）、表7-18中进行操作。

表 7-16

出差旅费报销单

辽财会账证 50 号																

单位：　　　　　　　　　　　　　　　　　　　　　　　　　年　月　日填

月	日	时间	出发地	月	日	时间	到达地	机票费	车(船)费	卧铺费	夜行车补助		市内交通费		宿费		出差补助		其他	合计
											小时	金额	实支包干		标准	实支 提成扣减	天数	金额		
合　　计																				

出差任务		报销金额（大写）	人民币：仟 佰 拾 圆 角 分	预借金额	
		单位领导	部门负责人	出差人	报销金额
					结余或超支

会计主管人员　　　　　　记账　　　　　审核　　　　附单据　　张

表 7-17

差旅费报销单

部门：　　　　　　　　　　　　　　　年　月　日

出差人						出差事由				
出发			到达		城际交通	住宿费用	补助费		其他	合计
月	日	地点	月	日	地点			天数	市内交通	伙食补助		
合　　计												
报销金额	人民币（大写）					预借差旅费			补领金额	
									返还金额	

单位负责人　　　　部门负责人　　　　会计主管　　　　审核　　　　会计

表 7-18

通　用　记　账　凭　证

年　月　日　　　　　　　　　　字第　号

摘要	借方科目		贷方科目		金额									记账符号
	总账科目	明细科目	总账科目	明细科目	千	百	十	万	千	百	十	元	角	分	
附单据　　　张			合　　计												

会计主管人员　　　记账　　　稽核　　　制单　　　出纳　　　交领款人

实训四 支 票

【实训 1】2019 年 8 月 19 日，宏达服饰有限责任公司提取现金 120870 元备用。

要求：填写现金支票并编制记账凭证（该业务为本月第 32 笔业务），在表 7-19、表 7-20、表 7-21 中进行操作。

表 7-19

（辽）	中国建设银行 现金支票（辽） GS/02 00039920
现金支票存根 GS/02 00039920 附加信息	出票日期（大写） 年 月 日 付款行名称： 收款人： 出票人账号： 人民币（大写） 亿千百十万千百十元角分
出票日期 年 月 日 收款人： 金额： 用途： 单位主管 会计	用途 上列款项请从 我账户内支付 出票人签章 复核 记账

表 7-20

附加信息：	
	收款人签章 年 月 日 粘贴单处
身份证件名称： 发证机关： 号码	

表 7-21

通用记账凭证

年 月 日 字第 号

摘要	借方科目		贷方科目		金额									记账
	总账科目	明细科目	总账科目	明细科目	千	百	十	万	千	百	十	元	角	分	符号
附单据 张			合 计											

会计主管人员 记账 稽核 制单 出纳 交领款人

【实训 2】 2019 年 8 月 20 日，宏达服饰有限责任公司签发转账支票 52600 元，用以偿还前欠沈阳纺织品有限公司货款。

要求：以宏达服饰有限责任公司为会计主体，填写转账支票并编制记账凭证（该业务为本月第 34 笔业务），在表 7-22、表 7-23 中进行操作。

以沈阳纺织品有限公司为会计主体，将转账支票背书，填写银行进账单并编制记账凭证（采用三类编号法，该业务为本月第 21 笔业务），在表 7-24、表 7-25、表 7-26 中进行操作。沈阳纺织品有限公司开户银行及账号：工商银行城内支行，3112074856-12；单位主管：张丽；会计主管：李翔，负责审核会计凭证；出纳：李斌。

表 7-22

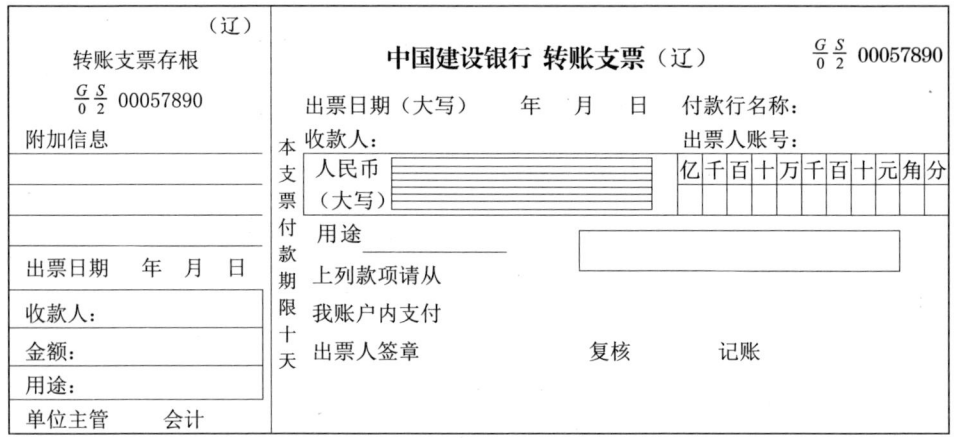

表 7-23

通用记账凭证

年　月　日　　　　　　　　字第　号

摘要	借方科目		贷方科目		金额									记账符号
	总账科目	明细科目	总账科目	明细科目	千	百	十	万	千	百	十	元	角	分	
附单据　　张			合　计												

会计主管人员　　　记账　　　稽核　　　制单　　　出纳　　　交领款人

表 7-24

附加信息：	被背书人 背书人签章 年　月　日	被背书人 背书人签章 年　月　日	粘贴单处

表 7-25

中国建设银行进账单（回　单）　　　1

年　月　日

出票人	全　称		收款人	全　称											此联是汇出行给汇款人的回单
	账　号			账　号											
	开户银行			开户银行											
金额	人民币 （大写）				亿	千	百	十	万	千	百	十	元	角	分
票据种类		票据张数													
票据号码															
复核　　　记账				收款人开户银行盖章 年　月　日											

表 7-26

收款记账凭证

借方科目　　　　　　　　　年　月　日　　　　　　　　字号

摘要	结算方式	票号	贷方科目		金额									记账符号
			总账科目	明细科目	千	百	十	万	千	百	十	元	角	分	
附单据　　　张　合　计：															

会计主管人员　　　记账　　　稽核　　　制单　　　出纳　　　交领款人

【实训 3】2019 年 8 月 21 日，宏达服饰有限责任公司向朝阳贸易公司销售男士衬衫 200 件，型号 CS9801，单价 180 元，金额 36000 元，增值税税额 4680 元（如图 7-1 所示），收到转账支票一张。

图 7-1 增值税专用发票

要求：以朝阳贸易公司为会计主体，填写转账支票表 7-27。

以宏达服饰有限责任公司为会计主体，将转账支票背书，并填写银行进账单，在表 7-28、表 7-29 中进行操作。

以宏达服饰有限责任公司为会计主体，编制记账凭证（该笔业务为本月第 38 笔业务），在表 7-30 中进行操作。

表 7-27

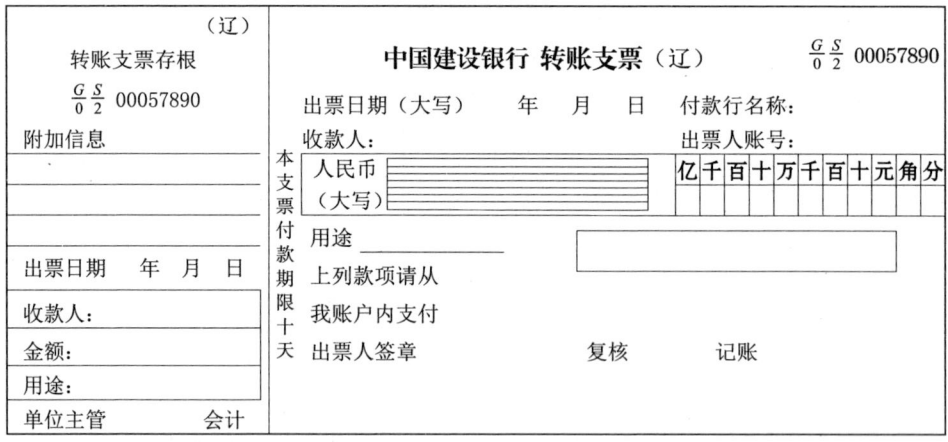

表 7-28

附加信息：	被背书人 背书人签章 年 月 日	被背书人 背书人签章 年 月 日	粘贴单处

表 7-29

中国建设银行进账单（回　单）　　1

年　月　日

出票人	全　称		收款人	全　称											此联是汇出行给汇款人的回单
	账　号			账　号												
	开户银行			开户银行												
金额	人民币 （大写）				亿	千	百	十	万	千	百	十	元	角	分	
票据种类		票据张数														
票据号码																
				收款人开户银行盖章 年　月　日												
复核　　　记账																

表 7-30

通用记账凭证

年　月　日　　　　　　　　　　　　字第　　号

摘要	借方科目		贷方科目		金额									记账符号
	总账科目	明细科目	总账科目	明细科目	千	百	十	万	千	百	十	元	角	分	
附单据　　　张			合　　计												
会计主管人员　　　记账　　　稽核　　　制单　　　出纳　　　交领款人															

【实训 4】2019 年 8 月 9 日，宏达服饰有限责任公司有关原始凭证如图 7-2、图 7-3 所示。

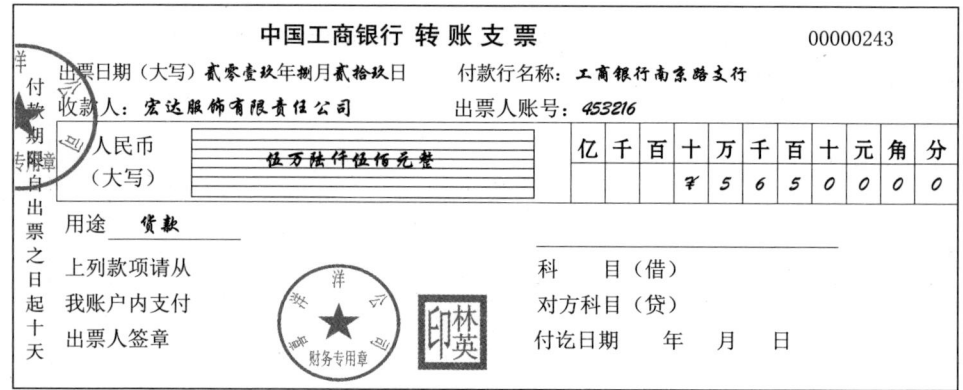

图 7-2 增值税专用发票

图 7-3 转账支票

要求：填写银行进账单表 7-31。

编制记账凭证（该业务为本月第 70 笔业务），在表 7-32 中进行操作。

表 7-31

中国建设银行进账单（回 单）　　　　　1

年　月　日

出票人	全　称		收款人	全　称											此联是汇出行给汇款人的回单
	账　号			账　号											
	开户银行			开户银行											
金额	人民币（大写）				亿	千	百	十	万	千	百	十	元	角	分	
票据种类		票据张数													
票据号码															
		复核　　　记账		收款人开户银行盖章 年　月　日											

表 7-32

通用记账凭证

年　月　日　　　　　　　　　字第　号

摘要	会计科目		借方金额									贷方金额									记账符号
	总账科目	明细科目	千	百	十	万	千	百	十	元	角	分	千	百	十	万	千	百	十	元	角	分	
附单据　　张	合计：																					

会计主管人员　　　记账　　　稽核　　　制单　　　出纳　　　交领款人

实训五　银行本票

【实训1】2019年8月21日，宏达服饰有限责任公司准备到沈阳纺织品有限公司采购材料，申请银行本票45200元。沈阳纺织品有限公司开户银行及账号：工商银行城内支行，3112074856-12。

要求：填写银行本票申请书并编制记账凭证（该业务为本月第39笔业务），在表7-33、表7-34中进行操作。

表 7-33

中国建设银行本票申请书（存 根）1

申请日期　年　月　日　　　　　第 302010 号

申请人		收款人	
账号或住址		账号或住址	
用途		代理付款行	
汇票金额		亿千百十万千百十元角分	

此联申请人留存

备注　　　　　　　　　　　科　目
　　　　　　　　　　　　　对方科目
　　　　　　　　　　　　　财务主管　　复核　　经办

表 7-34

通用记账凭证

年　月　日　　　　　　　　字第　号

摘要	借方科目		贷方科目		金额										记账符号
	总账科目	明细科目	总账科目	明细科目	千	百	十	万	千	百	十	元	角	分	
附单据　　张			合计												

会计主管人员　　记账　　稽核　　制单　　出纳　　交领款人

【实训2】2019年8月21日，宏达服饰有限责任公司到沈阳纺织品有限公司采购纯棉布料，采用银行本票结算，材料已到达企业并办理验收入库（增值税专用发票抵扣联略），如图7-4、图7-5、表7-35所示。

2102103140　　**辽宁增值税专用发票**　　No 00290858
　　　　　　　　　　发票联　　　　　　开票日期　2019年8月21日

购买方	名称：	宏达服饰有限责任公司						
	纳税人识别号：	912102002395498141						
	地址、电话：	沈阳市浑南新区469号 02435627000						
	开户行及账号：	建设银行沈阳浑南支行 10020054912-356						

密码区　（略）

货物或应税劳务、服务名称	规格型号	单位	数量	单价	金额	税率	税额
纯棉布料		匹	80	500.00	40000.00	13%	5200.00
合计					￥40000.00		￥5200.00
价税合计（大写）	⊗肆万伍仟贰佰圆整			（小写）	￥45200.00		

销售方	名称：	沈阳纺织品有限公司
	纳税人识别号：	912107034245785675
	地址、电话：	沈阳市胜利大街20号 02478961230
	开户行及账号：	工商银行城内支行 3112074856-12

第三联：发票联　购货方记账凭证

收款人：　　复核：李枫　　开票人：王小利　　销售方：（章）

图 7-4　增值税专用发票

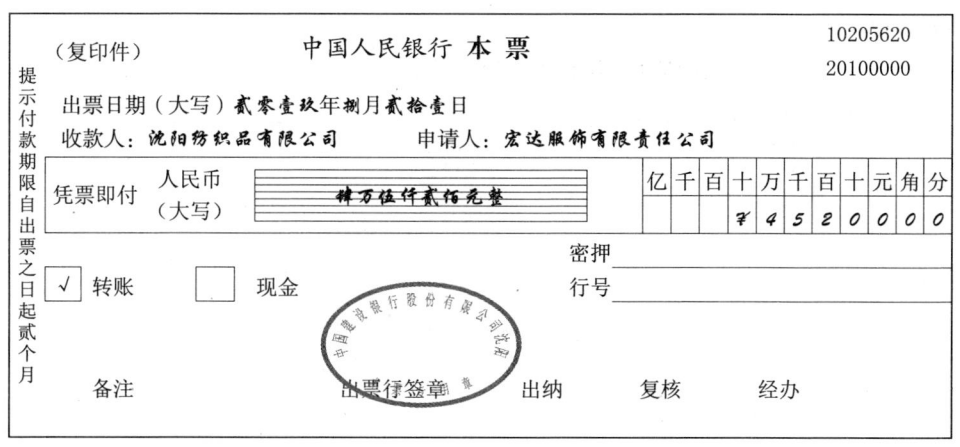

图 7-5 银行本票

表 7-35

材料入库单

2019 年 8 月 21 日

名称	规格	单位	数量		实际成本		运杂费	其他	合计
			应收	实收	买价				
					单价	金额			
纯棉布料		匹	80	80	500	40000			40000
合计						40000			40000

主管:关永海　　检验员:张宁　　保管员:刘丽华　　会计:郑海

要求:以宏达服饰有限责任公司为会计主体,编制记账凭证(该业务为本月第40笔业务),在表 7-36 中进行操作。

以沈阳纺织品有限公司为会计主体,填写银行进账单并编制记账凭证(采用三类编号法,该业务为本月第29笔业务),在表 7-37、表 7-38 中进行操作。

表 7-36

通用记账凭证

年　月　日　　　　　　　字第　号

摘要	借方科目		贷方科目		金额										记账符号
	总账科目	明细科目	总账科目	明细科目	千	百	十	万	千	百	十	元	角	分	
附单据　　张			合　计												

会计主管人员　　　记账　　　稽核　　　制单　　　出纳　　　交领款人

表 7-37

中国建设银行进账单（收账通知联）　　1

年　月　日

出票人	全称		收款人	全称		此联是汇出行给汇款人的回单
	账号			账号		
	开户银行			开户银行		
金额	人民币（大写）		亿 千 百 十 万 千 百 十 元 角 分			
票据种类		票据张数				
票据号码						
		复核　　记账	收款人开户银行盖章 年　月　日			

表 7-38

收款记账凭证

借方科目　　　　　　　　　年　月　日　　　　　　　　　字　号

摘要	结算方式	票号	贷方科目		金额										记账符号
			总账科目	明细科目	千	百	十	万	千	百	十	元	角	分	
附单据　　张　合　计：															
会计主管人员　　记账　　稽核　　制单　　出纳　　交领款人															

实训六　银行汇票

【实训1】2019年8月22日，宏达服饰有限责任公司准备到沈阳纺织品有限公司采购材料，申请银行汇票80000元，沈阳纺织品有限公司开户银行及账号：工商银行城内支行，3112074856-12。

要求：填写银行汇票申请书并编制记账凭证（该业务为本月第42笔业务），在表7-39、表7-40中进行操作。

表7-39

中国建设银行汇票申请书（存　根）　1

申请日期　　年　　月　　日　　　　　　第302010号

申请人		收款人		此联申请人留存
账号或住址		账号或住址		
用途		代理付款行		
汇票金额		亿千百十万千百十元角分		
备注				

科　目　_____
对方科目　_____
财务主管　　复核　　经办

表7-40

通用记账凭证

年　月　日　　　　　　　字第　号

摘要	借方科目		贷方科目		金额										记账符号
	总账科目	明细科目	总账科目	明细科目	千	百	十	万	千	百	十	元	角	分	
附单据　　张			合　　计												

会计主管人员　　记账　　稽核　　制单　　出纳　　交领款人

【实训2】2019年8月22日，宏达服饰有限责任公司到沈阳纺织品有限公司采购纯棉布料，采用银行汇票结算，另发生运杂费2180元，材料已到达企业并办理验收入库（增值税专用发票抵扣联略），如图7-6、图7-7、图7-8、表7-41所示。

辽宁增值税专用发票

2102103140   发票联   No 00290862
开票日期 2019 年 8 月 22 日

购买方	名称：	宏达服饰有限责任公司	密码区	（略）
	纳税人识别号：	91210200239549814I		
	地址、电话：	沈阳市浑南新区469号 0243627000		
	开户行及账号：	建设银行沈阳浑南支行 10020054912-356		

货物或应税劳务、服务名称	规格型号	单位	数量	单价	金额	税率	税额
纯棉布料		匹	120	520.00	62400.00	13%	8112.00
合 计					¥62400.00		¥8112.00

价税合计（大写） ⊗柒万零伍佰壹拾贰圆整   （小写） ¥70512.00

销售方	名称：	沈阳纺织品有限公司	备注	
	纳税人识别号：	91210703424578567S		
	地址、电话：	沈阳市胜利大街20号 02478961230		
	开户行及账号：	工商银行城内支行 3112074856-12		

收款人：　　复核：李枫　　开票人：王小利　　销售方：（章）

图 7-6　增值税专用发票

货物运输业增值税专用发票

2100142760   发票联   No 00354686
开票日期 2019 年 8 月 22 日

承运人及纳税人识别号	沈阳市顺风运输公司 91210703198104283б	密码区	
实际受票方及纳税人识别号	宏达服饰有限责任公司 91210200239549814I		
收货人及纳税人识别号	宏达服饰有限责任公司 91210200239549814I	发货人及纳税人识别号	沈阳纺织品有限公司 91210703424578567S
起运地、经由、到达地	沈阳和平——沈阳浑南		

费用项目及金额	费用项目	金额	运输货物信息	
	运费	2000.00		纯棉布料
合计金额	2000.00	税率 9% 税额 180.00	机器编号	929100423759

价税合计（大写） ⊗贰仟壹佰捌拾圆整   （小写） ¥2200.00

车种车号	辽A20L03	车船吨位		备注	
主管税务机关及代码	国家税务总局沈阳市和平区税务局 321071155				

收款人：张旭　　复核人：王丽　　开票人：李丹　　承运人：（章）

图 7-7　增值税专用发票

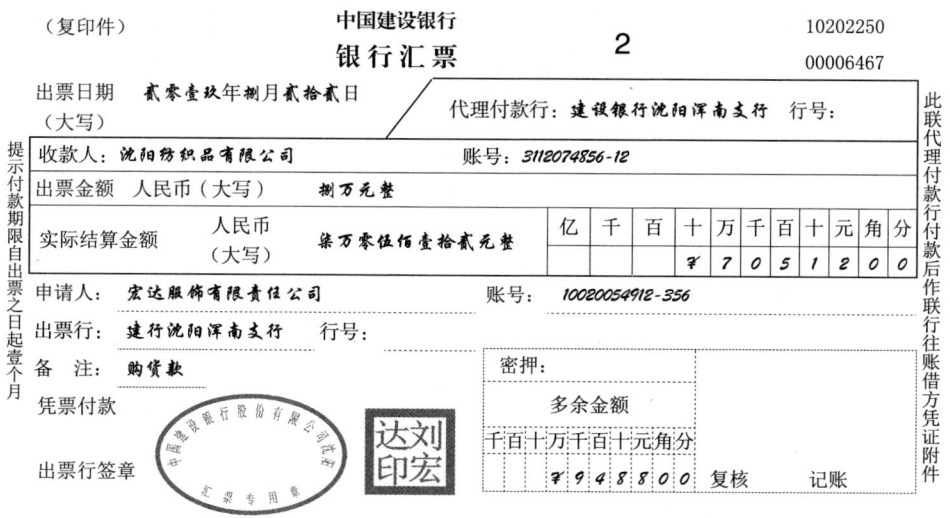

图 7-8 银行汇票第二联

表 7-41

材料入库单

2019 年 8 月 22 日

名称	规格	单位	数量		实际成本				
			应收	实收	买价		运杂费	其他	合计
					单价	金额			
纯棉布料		匹	120	120	520	62400	2000		64400
合计						62400	2000		64400

主管：关永海　　检验员：张宁　　保管员：刘丽华　　会计：郑海

第二联 会计记账联

要求：以宏达服饰有限责任公司为会计主体，编制记账凭证（该业务为本月第43笔业务），在表7-42中进行操作。

表 7-42

通用记账凭证

年　月　日　　　　　　　　　字第　号

摘要	借方科目		贷方科目		金额										记账符号
	总账科目	明细科目	总账科目	明细科目	千	百	十	万	千	百	十	元	角	分	
附单据　　张			合计												

会计主管人员　　记账　　稽核　　制单　　出纳　　交领款人

【实训3】2019年8月22日，相关原始凭证如图7-9所示。

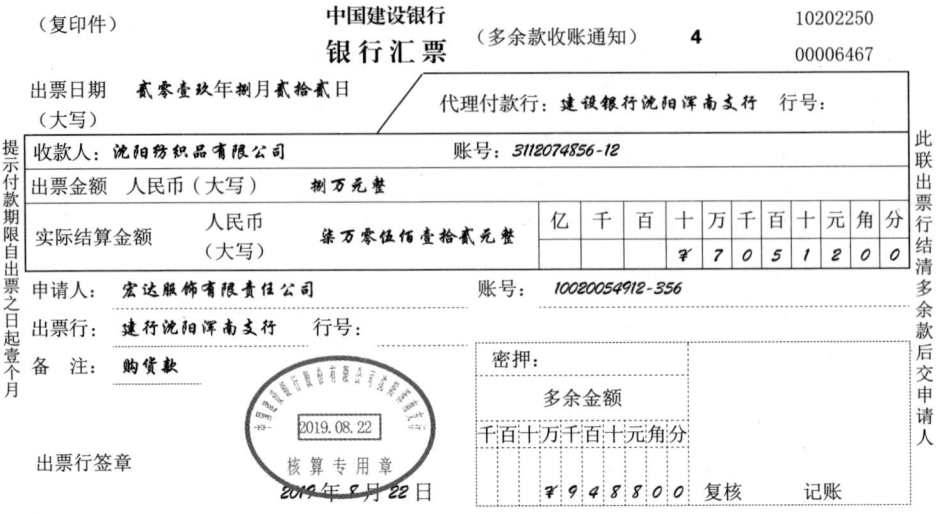

图7-9 银行汇票第四联

要求：编制记账凭证（该业务为本月第45笔业务），在表7-43中进行操作。

表7-43

通用记账凭证

年　　月　　日　　　　　　　字第　号

摘要	借方科目		贷方科目		金额										记账符号
	总账科目	明细科目	总账科目	明细科目	千	百	十	万	千	百	十	元	角	分	

附单据　　　张　　　　　　合　　计

会计主管人员　　　记账　　　稽核　　　制单　　　出纳　　　交领款人

【实训4】2019年8月23日，宏达服饰有限责任公司向长春百货商厦销售男士西装（型号ZR309）60套，相关信息如图7-10所示，收到长春百货商厦签发的面值为70000元的00006467号银行汇票（银行汇票略）。

2102103280 辽宁增值税专用发票 No 00328103

此联不准报销,抵税凭证使用 开票日期 2019年8月23日

购买方	名　　称	长春百货商展	密码区	(略)			第一联:记账联 销货方记账凭证
	纳税人识别号	91425023846970782C					
	地址、电话	长春市长白中路五段4号 13598050060					
	开户行及账号	工商银行长白支行 1001000354-18					
货物或应税劳务、服务名称	规格型号	单位	数量	单价	金额	税率	税额
男士西装	ZR309	套	60	880	52800.00	13%	6864.00
合　计					¥52800.00		¥6864.00
价税合计(大写)	⊗ 伍万玖仟陆佰陆拾肆圆整			(小写)	¥59664.00		
销售方	名　　称	宏达服饰有限责任公司	备注				
	纳税人识别号	91210002395498141					
	地址、电话	沈阳市浑南新区469号 02435627000					
	开户行及账号	建设银行沈阳浑南支行 1002054912-356					

收款人:刘晓慧　　复核:张莉　　开票人:刘宇　　销售方:(章)

图 7-10 增值税专用发票

要求:请以宏达服饰有限责任公司为会计主体,填写银行进账单表 7-44。

请以宏达服饰有限责任公司为会计主体,编制记账凭证(该业务为本月第 46 笔业务),在表 7-45 中进行操作。

表 7-44

中国建设银行进账单（回　单）　　　　　1

年　月　日

出票人	全　称		收款人	全　称										此联是汇出行给汇款人的回单
	账　号			账　号										
	开户银行			开户银行										
金额	人民币 (大写)				亿	千	百	十	万	千	百	十	元	角	分
票据种类		票据张数												
票据号码														
					收款人开户银行盖章 年　月　日									
复核　　　记账														

表 7-45

通用记账凭证

年　月　日　　　　　　　　　　　字第　号

摘要	借方科目		贷方科目		金额										记账符号
	总账科目	明细科目	总账科目	明细科目	千	百	十	万	千	百	十	元	角	分	
附单据　　张			合　计												

会计主管人员　　　记账　　　稽核　　　制单　　　出纳　　　交领款人

实训七　汇　兑

【实训1】2019年8月23日,宏达服饰有限责任公司从天津机械有限公司采购生产设备一台,相关信息如图7-11所示,设备已投入使用(固定资产验收单略),采用电汇方式付款。

2102103140

天津增值税专用发票

发票联

No 0567201

开票日期　2019年8月23日

购买方	名　称：	宏达服饰有限责任公司			密码区	(略)			
	纳税人识别号：	91210200239549814T							
	地址、电话：	沈阳市深南新区469号 02435627000							
	开户行及账号：	建设银行沈阳深南支行 10020054912-356							
货物或应税劳务、服务名称		规格型号	单位	数量	单价	金额	税率	税额	
生产设备			台	1	50000	50000.00	13%	6500.00	
合　计						￥50000.00		￥6500.00	
价税合计(大写)		⊗ 伍万陆仟伍佰圆整				(小写) ￥56500.00			
销售方	名　称：	天津机械有限公司			备注	(发票专用章)			
	纳税人识别号：	91210910121515633D							
	地址、电话：	天津市武汉路450号 02287689000							
	开户行及账号：	工商银行武汉路支行 4567852-878							

收款人：周娜　　复核：海泉　　开票人：刘毅　　销售方：(章)

图 7-11　增值税专用发票

要求:填写电汇凭证,并编制记账凭证(该业务为本月第47笔业务),在表7-46、表7-47中进行操作。

表 7-46

中国建设银行 电汇凭证（回单）　　1

委托日期：　　年　　月　　日

汇款人	全称			收款人	全称			此联是汇出行给汇款人的回单
	账号				账号			
	汇出地点	省　　市/县			汇入地点	省　　市/县		
	汇出行名称				汇入行名称			
金额	人民币（大写）					亿千百十万千百十元角分		
				附加信息及用途：				
			汇出行签章		复核		记账	

表 7-47

通用记账凭证

年　　月　　日　　　　　　　　　　　字第　　号

摘要	会计科目		借方金额	贷方金额	记账符号
	总账科目	明细科目	千百十万千百十元角分	千百十万千百十元角分	
附单据　　张　合计：					

会计主管人员　　记账　　稽核　　制单　　出纳　　交领款人

【实训 2】2019 年 8 月 23 日，支付电汇手续费 1170 元。

要求：填写业务收费凭证，并编制记账凭证（该业务为本月第 48 笔业务），在表 7-48、表 7-49 中进行操作。

表 7-48

中国建设银行收费凭证

年　　月　　日

户名			开户银行					
账号			收费种类					
1. 客户购买凭证是在"收费种类"栏填写所购凭证名称。2. 客户在办理结算业务时，在"收费种类"栏分别填写手续费或邮电费，在"凭证种类"栏填写办理的方式。	凭证种类	单价	数量	金额				
				万	千	百	十	元	角	分
	人民币（大写）							

表 7-49

通用记账凭证

年　月　日　　　　　　　　　　　字第　号

摘要	会计科目		借方金额										贷方金额										记账符号
	总账科目	明细科目	千	百	十	万	千	百	十	元	角	分	千	百	十	万	千	百	十	元	角	分	
附单据　　张　合　计：																							

会计主管人员　　记账　　稽核　　制单　　出纳　　交领款人

【实训 3】2019 年 8 月 23 日，宏达服饰有限责任公司向长春百货商厦销售男士西装 300 套（型号 ZR308），相关信息如图 7-12 所示，收到电汇凭证收账通知联（略）。

2102103280　　**辽宁增值税专用发票**　　No 00328103

此联不得报销、抵扣税凭证使用　　开票日期　2019 年 8 月 23 日

购买方	名　称：	长春百货商厦					密码区	（略）		
	纳税人识别号：	91425023846970782C								
	地址、电话：	长春市长白中路五段4号 13598050060								
	开户行及账号：	工商银行长白支行 1001000354-18								

货物或应税劳务、服务名称	规格型号	单位	数量	单价	金额	税率	税额
男士西装	ZR308	套	300	1000	300000.00	13%	39000.00
合 计					￥300000.00		￥39000.00
价税合计（大写）		⊗叁拾叁万玖仟圆整				（小写）￥339000.00	

销售方	名　称：	宏达服饰有限责任公司	备注	
	纳税人识别号：	91210200239549814l		
	地址、电话：	沈阳市浑南新区 469 号 02435627000		
	开户行及账号：	建设银行沈阳浑南支行 10020054912-356		

第一联：记账联　销货方记账凭证

收款人：刘晓慧　　复核：张莉　　开票人：刘宇　　销售方：（章）

图 7-12　增值税专用发票

要求：编制记账凭证（该业务为本月第 49 笔业务），在表 7-50 中进行操作。

表 7-50

通用记账凭证

年　月　日　　　　　　　　　　　　　　　　　字第　号

摘要	会计科目		借方金额										贷方金额										记账符号
	总账科目	明细科目	千	百	十	万	千	百	十	元	角	分	千	百	十	万	千	百	十	元	角	分	
附单据　　张　合计：																								

会计主管人员　　　记账　　　稽核　　　制单　　　出纳　　　交领款人

实训八　托收承付

【实训 1】2019 年 8 月 23 日，宏达服饰有限责任公司向朝阳贸易公司销售男士衬衫 80 件（型号 CS9801），相关信息如图 7-13 所示，已向银行办理了托收手续（电划方式）。朝阳贸易公司作为商品入库（产品入库单略）。

图 7-13　增值税专用发票

要求：以宏达服饰有限责任公司为会计主体，填写托收凭证表 7-51。

以宏达服饰有限责任公司为会计主体，编制记账凭证（该笔业务为本月第 50 笔业务），在表 7-52 中进行操作。

表 7-51

中国建设银行　　托收凭证（受理回单）

委托日期　年　月　日

业务类型	委托收款（□邮划、□电划）		托收承付（□邮划、□电划）		
付款人	全称		收款人	全称	此联收款人开户银行给收款人的受理回单
	账号			账号	
	地址　省　市县　开户行			地址　省　市县　开户行	
金额	人民币（大写）			亿千百十万千百十元角分	
款项内容		托收凭证名称		附寄单证张数	
商品发运情况			合同名称号码		
备注：					
		款项收妥日期		收款人开户银行签章	
复核　记账			年　月　日	年　月　日	

表 7-52

通 用 记 账 凭 证

年　月　日　　　　　　　　字第　号

摘要	会计科目		借方金额	贷方金额	记账
	总账科目	明细科目	千百十万千百十元角分	千百十万千百十元角分	符号
附单据　　张　合计：					

会计主管人员　　记账　　稽核　　制单　　出纳　　交领款人

【实训 2】2019 年 8 月 24 日，宏达服饰有限责任公司向长春百货商厦销售男士西装 300 套（型号 ZR308），单价 1000 元，金额 300000 元，增值税税额 39000 元，另签发转账支票代垫运费，相关信息如图 7-14、图 7-15 所示。已向银行办理了托收手续（电划方式）。

辽宁增值税专用发票

No 00328105
2102103280
此联不作为销项税证使用
开票日期 2019 年 8 月 24 日

购买方	名称	长春百货商厦				密码区		(略)		第一联：记账联 销货方记账凭证
	纳税人识别号	91425023846970782C								
	地址、电话	长春市长白中路五段4号 1359805 0060								
	开户行及账号	工商银行长白支行 1001000354-18								

货物或应税劳务、服务名称	规格型号	单位	数量	单价	金额	税率	税额
男士西装	ZR308	套	300	1000	300000.00	13%	39000.00
合　计					￥300000.00		￥39000.00

价税合计（大写）	⊗ 叁拾叁万玖仟圆整	（小写） ￥339000.00

销售方	名称	宏达服饰有限责任公司	备注	（宏达服饰有限责任公司 发票专用章 91210200239549 8141）	第三联：发票联 受票方记账凭证
	纳税人识别号	91210200239549 8141			
	地址、电话	沈阳市浑南新区469号 02435627000			
	开户行及账号	建设银行沈阳浑南支行 1020054912-356			

收款人： 　　复核：张莉　　开票人：刘宇　　销售方：（章）

图 7-14　增值税专用发票

货物运输业增值税专用发票

2100142760
发票联
No 003546768
开票日期 2019 年 8 月 24 日

承运人及纳税人识别号	沈阳市顺风运输公司 912107031810422836	密码区					第三联：发票联 受票方记账凭证
实际受票方及纳税人识别号	长春百货商厦 91425023846970782C						
收货人及纳税人识别号	长春百货商厦 91425023846970782C	发货人及纳税人识别号	宏达服饰有限责任公司 91210200239549 8141				
起运地、经由、到达地	沈阳—长春						

费用项目及金额	费用项目	金额	运输货物信息	男士西装
	运费	1000.00		

合计金额	1000.00	税率	9%	税额	90.00	机器编号	929100423759
价税合计（大写）	⊗ 玖佰玖拾圆整					（小写）￥990.00	
车种车号	辽A20203	车船吨位		备注			
主管税务机关及代码	国家税务总局沈阳市和平区税务局 321071155						

收款人：张旭　　复核人：王丽　　开票人：李丹　　承运人：（章）

图 7-15　增值税专用发票

要求：以宏达服饰有限责任公司为会计主体，填写转账支票表7-53。

以宏达服饰有限责任公司为会计主体，填写托收凭证表7-54。

以宏达服饰有限责任公司为会计主体，编制记账凭证（该笔业务为本月第52笔业务），在表7-55中进行操作。

表7-53

表7-54

表 7-55

通用记账凭证

年　月　日　　　　　　　　　字第　号

摘要	会计科目		借方金额										贷方金额										记账符号
	总账科目	明细科目	千	百	十	万	千	百	十	元	角	分	千	百	十	万	千	百	十	元	角	分	
附单据　张　合　计：																							

会计主管人员　　　记账　　　稽核　　　制单　　　出纳　　　交领款人

【实训3】2019年8月24日，宏达服饰有限责任公司相关原始凭证如表7-56所示。

表 7-56

中国建设银行　　　　　托收凭证（收账通知）

委托日期　2019年8月23日

业务类型		委托收款（□邮划、□电划）　托收承付（□邮划、☑电划）													
付款人	全称	武汉科达集团			收款人	全称	宏达服饰有限责任公司								此联收款人开户行给收款人的收账通知
	账号	45691050-1002				账号	10020054912-356								
	地址	湖北省武汉	市县	开户行 工商银行铁北营业部		地址	辽宁省沈阳	市县	开户行 建设银行沈阳浑南支行						
金额	人民币（大写）	陆万捌仟元整					亿	千	百	十	万	千	百	十	元	角	分
										￥	6	8	0	0	0	0	0
款项内容		货款	托收凭证名称	发票			附寄单证张数			2					
商品发运情况		商品已发出			合同名称号码										
备注：															
复核　　记账			款项收妥日期 2019年8月24日			收款人开户银行签章 2019.8.24 核算专用章　年　月　日									

要求：编制记账凭证（该笔业务为本月第53笔业务），在表7-57中进行操作。

表 7-57

通用记账凭证

年　月　日　　　　　　　　　字第　号

摘要	会计科目		借方金额									贷方金额									记账符号
	总账科目	明细科目	千	百	十	万	千	百	十	元	角	分	千	百	十	万	千	百	十	元	角	分	
附单据　　张	合　计：																						

会计主管人员　　　记账　　　稽核　　　制单　　　出纳　　　交领款人

【实训4】 2019年8月24日，宏达服饰有限责任公司相关原始凭证（增值税专用发票抵扣联略），如图7-16、表7-58所示。

2102103140　　　　　　河南增值税专用发票　　　No 00290862
　　　　　　　　　　　　　　　发票联　　　　　　开票日期 2019年8月24日

购买方：
名　　称：宏达服饰有限责任公司
纳税人识别号：91210200239549814I
地址、电话：沈阳市浑南新区469号 02435627000
开户行及账号：建设银行沈阳浑南支行 10020054912-356
密码区：（略）

货物或应税劳务、服务名称	规格型号	单位	数量	单价	金额	税率	税额
纯棉布料		匹	100	500.00	50000.00	13%	6500.00
合　计					￥50000.00		￥6500.00

价税合计（大写）　⊗伍万陆仟伍佰圆整　　　　（小写）￥56500.00

销售方：
名　　称：郑州纺织品公司
纳税人识别号：91424210758567O3E
地址、电话：郑州市黄石路120号 13789502500
开户行及账号：工商银行黄石支行 7485631120-12
备注：（郑州纺织品公司发票专用章 91424210758567O3E）

第三联：发票联　购货方记账凭证

收款人：　　　复核：胡楠　　开票人：王峰　　销售方：（章）

图 7-16　增值税专用发票

表 7-58

ICBC 中国工商银行　托收凭证（付账通知）

委托日期 2019 年 8 月 20 日

业务类型	委托收款（□邮划、□电划）		托收承付（□邮划、☑电划）		
付款人	全称	宏达服饰有限责任公司	收款人	全称	郑州纺织品公司
	账号	10020054912-356		账号	7485631120-12
	地址	辽宁省沈阳市县 开户行 建设银行沈阳浑南支行		地址	河南省郑州市县 开户行 工商银行黄石支行
金额	人民币（大写）	伍万陆仟伍佰元整		亿千百十万千百十元角分 ¥ 5 6 5 0 0 0 0	
款项内容	货款		托收凭证名称	增值税发票	附寄单证张数 2
商品发运情况	商品已发出		合同名称号码		

备注：
付款人开户银行收到日期：
　　　　年　月　日
复核　　　记账

付款人开户银行签章
2019.08.24

付款人注意：
1. 根据支付结算办法，上列委托收款（托收承付）款项在付款期限内未提出拒付，即视为同意付款，以此代付款通知。
2. 如需提出全部或部分拒付，应在规定期限内，将拒付理由书并附债务证明退交开户银行。

此联付款人开户银行给付款人按期付款通知

要求：编制记账凭证（该笔业务为本月第 54 笔业务），在表 7-59 中进行操作。

表 7-59

通用记账凭证

年　月　日　　　　　　　字第　号

摘要	会计科目		借方金额										贷方金额										记账符号
	总账科目	明细科目	千	百	十	万	千	百	十	元	角	分	千	百	十	万	千	百	十	元	角	分	
附单据　张　合　计：																								

会计主管人员　　　记账　　　稽核　　　制单　　　出纳　　　交领款人

实训九　委托收款

【实训 1】2019 年 8 月 25 日，宏达服饰有限责任公司的相关原始凭证（增值税专用发票抵扣联略），如图 7-17、表 7-60、表 7-61 所示。

2102103140

辽宁增值税专用发票

发票联

No 00564389

开票日期 2019 年 8 月 25 日

购买方	名　称：	宏达服饰有限责任公司				密码区		（略）		
	纳税人识别号：	91210200239549814l								
	地址、电话：	沈阳市浑南新区 469 号 0243-5627000								
	开户行及账号：	建设银行沈阳浑南支行 10020054912-356								

货物或应税劳务、服务名称	规格型号	单位	数量	单价	金额	税率	税额
电费		度	5000	0.8	4000.00	13%	520.00
合　计					￥4000.00		￥520.00

价税合计（大写）	肆仟伍佰贰拾圆整	（小写）	￥4520.00

销售方	名　称：	沈阳市供电公司浑南分公司	备注	（沈阳市供电公司浑南分公司 发票专用章 91200203319215392 7）
	纳税人识别号：	912002033192153927		
	地址、电话：	沈阳市浑南新区 345 号 0243-1257995		
	开户行及账号：	工商银行宏发支行 79862-1458-58		

收款人：韩咪林　　复核：刘谨　　开票人：马永成　　销售方：（章）

图 7-17　增值税专用发票

表 7-60

电费分配表

2019 年 8 月 25 日　　　　　　　　　　　单位：元

部门	电费
生产车间	3000
行政管理部门	1000
合计	4000

表 7-61

ICBC 中国工商银行　　托收凭证（付账通知）

委托日期　2019 年 8 月 25 日

业务类型	委托收款（□邮划、☑电划）		托收承付（□邮划、□电划）		
付款人	全称	宏达服饰有限责任公司	收款人	全称	沈阳市供电公司浑南分公司
	账号	10020054912-356		账号	79862-1458-58
	地址	辽宁省沈阳　市/县		地址	辽宁省沈阳　市/县
	开户行	建设银行沈阳浑南支行		开户行	工商银行宏发支行

金额	人民币（大写）	肆仟伍佰贰拾元整	亿	千	百	十	万	千	百	十	元	角	分
							￥	4	5	2	0	0	0

款项内容	电费	托收凭证名称	增值税专用发票	附寄单证张数	2

商品发运情况		合同名称号码	

备注：

付款人开户银行收到日期　　年　月　日

（付款人开户银行签章 2019.08.25 核算专用章）

复核：　　记账：　　　　　　2019 年 8 月 25 日

此联付款人开户银行给付款人按期付款通知

付款人注意：
1. 根据支付结算办法，上列委托收款（托收承付）款项在付款期内未提出拒付，即视为同意付款，以此代付款通知。
2. 如需提出全部或部分拒付，应在规定期限内，将拒付理由书并附债务证明退交开户银行。

要求：编制记账凭证（该笔业务为本月第 56 笔业务），在表 7-62 中进行操作。

表 7-62

通用记账凭证

年　月　日　　　　　　　　　　　字第　号

摘要	会计科目		借方金额										贷方金额										记账符号
	总账科目	明细科目	千	百	十	万	千	百	十	元	角	分	千	百	十	万	千	百	十	元	角	分	
附单据　　张　合　计：																							

会计主管人员　　　记账　　　稽核　　　制单　　　出纳　　　交领款人

实训十　商业汇票

【实训 1】2019 年 8 月 25 日，宏达服饰有限责任公司向长春百货商厦销售男士西装 200 套（型号 ZR309），相关信息如图 7-18 所示，收到长春百货商厦签发的 4 个月期商业承兑汇票一张。商品尚未送达长春百货商厦。

长春百货商厦地址及电话：长春市长白中路五段 4 号，13598050060；开户银行及账号：工商银行长白支行，1001000354-18；纳税人识别号：91425023846970782C；会计主管：冯涛，负责审核会计凭证；会计：刘海波，负责编制记账凭证。

图 7-18　增值税专用发票

要求：以宏达服饰有限责任公司为会计主体，编制记账凭证（该笔业务为本月第58笔业务），在表7-63中进行操作。

以长春百货商厦为会计主体，填写商业承兑汇票表7-64。

以长春百货商厦为会计主体，编制记账凭证（采用五类编号法，该业务为本月第43笔业务），在表7-65中进行操作。

表7-63

通用记账凭证

年　月　日　　　　　　　字第　号

摘要	会计科目		借方金额									贷方金额									记账符号
	总账科目	明细科目	千	百	十	万	千	百	十	元	角	分	千	百	十	万	千	百	十	元	角	分	
附单据　　张　合　计：																							

会计主管人员　　　记账　　　稽核　　　制单　　　出纳　　　交领款人

表7-64

商业承兑汇票（存　根）　　　　3

出票日期　　　年　月　日　　　　汇票号码 050217
（大写）

付款人	全　称		收款人	全　称										此联出票人存查
	账　号			账　号										
	开户银行			开户银行										
出票金额	人民币（大写）			亿	千	百	十	万	千	百	十	元	角	分	
汇票到期日（大写）			付款人开户行	行号										
承兑协议编号				地址										
			备注：											

表 7-65

转 账 凭 证

年　月　日　　　　　　　　　　字第　号

摘要	会计科目		借方金额										贷方金额										记账符号
	总账科目	明细科目	千	百	十	万	千	百	十	元	角	分	千	百	十	万	千	百	十	元	角	分	
附单据　　张　　合　计:																							

会计主管人员　　　记账　　　稽核　　　制单　　　出纳　　　交领款人

【实训 2】2019 年 8 月 26 日，宏达服饰有限责任公司应收朝阳贸易公司的商业承兑汇票到期，委托银行收款（电划方式），相关原始凭证如图 7-19 所示。

商业承兑汇票　　　　2　　10202160
　　　　　　　　　　　　　　　　　　00324543

出票日期（大写）　贰零壹玖年叁月贰拾陆日

付款人	全称	朝阳贸易公司	收款人	全称	宏达服饰有限责任公司
	账号	102100354-0126		账号	10020054912-356
	开户银行	工商银行站前支行			建设银行沈阳浑南支行

出票金额　人民币（大写）　陆万捌仟元整　　亿千百十万千百十元角分
　　　　　　　　　　　　　　　　　　　　　　￥6 8 0 0 0 0 0

| 汇票到期日（大写） | 贰零壹玖年捌月贰拾陆日 | 付款人开户行 | 行号 | 102227000783 |
| 交易合同号码 | 587401 | | 地址 | 朝阳市站前街 68 号 |

本汇票已经承兑，到期无条件付票款。　　本汇票请予以承兑到期日付款。

承兑人签章　　　　　　　　　　　　　　出票人签章
承兑日期 2019 年 8 月 26 日

此联持票人开户行随托收凭证寄付款人开户行作借方凭证附件

图 7-19　商业承兑汇票第二联

要求：填写托收凭证并编制记账凭证（该笔业务为本月第 59 笔业务），在表 7-66、表 7-67 中进行操作。

表 7-66

中国建设银行　　　托收凭证（受理回单）

委托日期　　年　月　日

业务类型	委托收款（□邮划、□电划）　托收承付（□邮划、□电划）						
付款人	全称		收款人	全称			此联收款人开户银行给收款人的受理回单
	账号			账号			
	地址	省　市县　开户行		地址	省　市县　开户行		
金额	人民币（大写）					亿千百十万千百十元角分	
款项内容		托收凭证名称			附寄单证张数		
商品发运情况				合同名称号码			
备注：							
复核　　记账		款项收妥日期　　年　月　日		收款人开户银行签章　　年　月　日			

表 7-67

通用记账凭证

年　月　日　　　　　　　　字第　号

摘要	会计科目		借方金额	贷方金额	记账符号
	总账科目	明细科目	千百十万千百十元角分	千百十万千百十元角分	
附单据　张　合　计：					

会计主管人员　　记账　　稽核　　制单　　出纳　　交领款人

【实训3】2019年8月26日，宏达服饰有限责任公司取得托收凭证的收账通知联，收到朝阳贸易公司的商业承兑汇票款，如表7-68所示。

表 7-68

中国建设银行　　托收凭证（收账通知）

委托日期　2019 年 8 月 26 日

业务类型	委托收款（□邮划、☑电划）			托收承付（□邮划、□电划）				
付款人	全称	朝阳贸易公司		收款人	全称	宏达服饰有限责任公司		此联收款人开户银行给收款人的受理回单
	账号	102100354-0126			账号	10020054912-356		
	地址	辽宁省朝阳市县	开户行	工商银行站前支行	地址	辽宁省沈阳市县	开户行	建设银行沈阳浑南支行
金额	人民币（大写）	陆万捌仟元整				亿千百十万千百十元角分　￥６８０００００		
款项内容	商业汇票款		托收凭证名称	商业承兑汇票		附寄单证张数	1	
商品发运情况					合同名称号码	587401		
备注：		款项收妥日期　　年　月　日				收款人开户银行签章　　年　月　日		
复核　　记账								

要求：编制记账凭证（该笔业务为本月第 60 笔业务），在表 7-69 中进行操作。

表 7-69

通用记账凭证

年　月　日　　　　　　　　　　　字第　号

摘要	会计科目		借方金额									贷方金额									记账符号
	总账科目	明细科目	千	百	十	万	千	百	十	元	角	分	千	百	十	万	千	百	十	元	角	分	
附单据　　张　　合　计：																						

会计主管人员　　　记账　　　稽核　　　制单　　　出纳　　　交领款人

【实训 4】2019 年 8 月 27 日，宏达服饰有限责任公司从沈阳纺织品有限公司购买纯棉布料并验收入库（增值税专用发票抵扣联略），签发 6 个月期银行承兑汇票付款。根据银行承兑协议，按出票金额的万分之五支付银行承兑手续费，如图 7-20、图 7-21、表 7-70 所示。

辽宁增值税专用发票

2102103140　　　　　　　　　　　　　　　　　No 00290859
发票联　　　　　　　　　　　　　　　开票日期　2019 年 8 月 27 日

购买方	名　称： 宏达服饰有限责任公司 纳税人识别号： 912102002395498141 地址、电话： 沈阳市浑南新区 469 号 02435627000 开户行及账号： 建设银行沈阳浑南支行 10020054912-356	密码区	（略）

货物或应税劳务、服务名称	规格型号	单位	数量	单价	金额	税率	税额
纯棉布料		匹	120	500.00	60000.00	13%	7800.00
合　计					¥60000.00		¥7800.00
价税合计（大写）	⊗陆万柒仟捌佰元圆整				（小写）		¥67800.00

销售方	名　称： 沈阳纺织品有限公司 纳税人识别号： 912107034245785675 地址、电话： 沈阳市胜利大街 20 号 02478961230 开户行及账号： 工商银行城内支行 3112074856-12	备注	(沈阳纺织品有限公司 发票专用章 912107034245785675)

收款人：　　　　复核：李枫　　　开票人：王小利　　　销售方：（章）

图 7-20　增值税专用发票

银行承兑协议

编号：45806

银行承兑汇票的内容：
出票人全称：宏达服饰有限责任公司　　　　收款人全称：沈阳纺织品有限公司
开户银行：建设银行沈阳浑南支行　　　　　开户银行：工商银行城内支行
账号：10020054912-356　　　　　　　　　　账号：3112074856-12
汇票号码：050225　　　　　　　　　　　　汇票金额（大写）：陆万柒仟捌佰元整
出票日期：2019 年 8 月 27 日　　　　　　　到期日期：2020 年 2 月 27 日

以上汇票经银行承兑，出票人愿意遵守《支付结算办法》的规定及下列条款：
一、出票人于汇票到期日前将应付款项足额承兑银行。
二、承兑手续费按票面金额万分之五计算，在银行承兑时一次付清。
三、出票人与持票人如发生任何交易纠纷，均由其双方自行处理，票款于到期前应按第一条办理无误。
四、承兑汇票到期日，承兑银行凭票无条件支付票款。如到期日之前不能足额交付票款时，承兑银行对不足支付部分的票款做出票申请人逾期贷款，并按照有关规定计收罚款。
五、承付汇票款付清后，本协议自动失效。

订立承兑协议日期 2019 年 8 月 27 日

图 7-21　银行承兑协议

表 7-70

材料入库单

2019 年 4 月 27 日

名称	规格	单位	数量		实际成本		运杂费	其他	合计
			应收	实收	买价				
					单价	金额			
纯棉布料		匹	120	120	500.00	60000.00			60000.00
合计						60000.00			60000.00

第二联 会计记账联

主管：关永海　　　检验员：张宁　　　保管员：刘丽华　　　会计：郑海

要求：以宏达服饰有限责任公司为会计主体，填写银行承兑汇票表 7-71。

以宏达服饰有限责任公司为会计主体，填写银行收费凭证表 7-72。

以宏达服饰有限责任公司为会计主体，分别编制购买材料和支付银行承兑手续费的记账凭证（该笔业务分别为本月第 63、64 笔业务），在表 7-73、表 7-74 中进行操作。

表 7-71

银行承兑汇票（存　根）　　　　3

出票日期　　　年　月　日　　　汇票号码 050225
（大写）

付款人	全称		收款人	全称											此联出票人存查
	账号			账号											
	开户银行			开户银行											
出票金额	人民币（大写）			亿	千	百	十	万	千	百	十	元	角	分	
汇票到期日（大写）			付款人开户行	行号											
承兑协议编号				地址											
			备注：												

表 7-72

中国建设银行收费凭证

年　月　日

户名		开户银行							
账号		收费种类							
1. 客户购买凭证是在"收费种类"栏填写所购凭证名称。 2. 客户在办理结算业务时,在"收费种类"栏分别填写手续费或邮电费,在"凭证种类"栏填写办理的方式。	凭证种类	单价	数量	金额					
				万	千	百	十	元	角	分
	人民币(大写)									

表 7-73

通 用 记 账 凭 证

年　月　日　　　　　　　　字第　号

摘要	会计科目		借方金额									贷方金额									记账符号
	总账科目	明细科目	千	百	十	万	千	百	十	元	角	分	千	百	十	万	千	百	十	元	角	分	
附单据　张　合　计:																						

会计主管人员　　　记账　　　稽核　　　制单　　　出纳　　　交领款人

表 7-74

通 用 记 账 凭 证

年　月　日　　　　　　　　字第　号

摘要	会计科目		借方金额									贷方金额									记账符号
	总账科目	明细科目	千	百	十	万	千	百	十	元	角	分	千	百	十	万	千	百	十	元	角	分	
附单据　张　合　计:																						

会计主管人员　　　记账　　　稽核　　　制单　　　出纳　　　交领款人

【实训 5】2019 年 8 月 27 日,宏达服饰有限责任公司相关原始凭证如图 7-22、表 7-75 所示。

商业承兑汇票

| | | | | | 2 | 10202200 00329815 |

出票日期（大写）：贰零壹玖年肆月贰拾柒日

付款人	全称	宏达服饰有限责任公司	收款人	全称	郑州纺织品公司
	账号	10020054912-356		账号	7485631120-12
	开户银行	建设银行沈阳浑南支行		开户银行	工商银行黄石支行

出票金额：人民币（大写）玖万叁仟陆佰元整　¥93600.00

汇票到期日（大写）	贰零壹玖年捌月贰拾柒日	付款人开户行	行号	102227056005
			地址	沈阳市浑南新区89号

交易合同号码：87905

本汇票已经承兑，到期无条件付票款。
承兑日期 2019年4月27日
承兑人签章

本汇票请予以承兑到期日付款。
出票人签章

图 7-22　商业承兑汇票第二联

表 7-75

ICBC 中国工商银行　托收凭证（付账通知）

委托日期　2019年8月27日

业务类型	委托收款（□邮划、☑电划）　托收承付（□邮划、□电划）					
付款人	全称	宏达服饰有限责任公司	收款人	全称	郑州纺织品公司	
	账号	10020054912-356		账号	7485631120-12	
	地址	辽宁省沈阳市县	开户行 建设银行沈阳浑南支行		地址	河南省郑州市县	开户行 工商银行黄石支行
金额	人民币（大写）玖万叁仟陆佰元整				¥93600.00	
款项内容	商业汇票款	托收凭证名称	商业承兑汇票	附寄单证张数	1	
商品发运情况			合同名称号码	87905		

备注：
付款人开户银行收到日期　年　月　日
复核　　记账

付款人注意：
1. 根据支付结算办法，上列委托收款（托收承付）款项在付款期限内未提出拒付，即视为同意付款，以此代付款通知。
2. 如需提出全部或部分拒付，应在规定期限内，将拒付理由书并附债务证明退交开户银行。

要求：以宏达服饰有限责任公司为会计主体，编制记账凭证（该笔业务为本月第65笔业务），在表7-76中进行操作。

表 7-76

通用记账凭证

年　月　日　　　　　　　　　字第　号

摘要	会计科目		借方金额									贷方金额									记账符号
	总账科目	明细科目	千	百	十	万	千	百	十	元	角	分	千	百	十	万	千	百	十	元	角	分	
附单据　　张　合　计:																							

会计主管人员　　记账　　稽核　　制单　　出纳　　交领款人

【实训6】 2019年8月28日,宏达服饰有限责任公司相关原始凭证如图7-23、表7-77所示。

(复印件)　　　　　　**银行承兑汇票**　　　　　　2　　10204850
　　　　　　　　　　　　　　　　　　　　　　　　　　　78654980

出票日期(大写)　　　贰零壹玖年陆月贰拾捌日

出票人全称	长春百货商厦	收款人	全称	宏达服饰有限责任公司
出票人账号	1001000354-18		账号	10020054912-356
付款行全称	工商银行长白支行			建设银行沈阳浑南支行

出票金额	人民币(大写)	捌万元整	亿	千	百	十	万	千	百	十	元	角	分
						¥	8	0	0	0	0	0	0

汇票到期日(大写)	贰零壹玖年壹拾贰月贰拾捌日	付款行	行号	
承兑协议编号	560200		地址	

本汇票请你行承兑,到期无条件付款。　　本汇票已经承兑,到期日由行付款。　　密押

出票人签章　　　　承兑行盖章　承兑日期 2019年6月28日　　备注　　复核:　　计帐:

此联收款人开户行随托收凭证寄付款行作借方凭证附件

图 7-23　银行承兑汇票第二联

表 7-77

贴现凭证（收账通知） 第 4 号

申请日期 2019 年 8 月 28 日

贴现汇票	种类	银行承兑汇票		号码	78654980		持票人	名称	宏达服饰有限责任公司
	出票日	贰零壹玖年 陆 月 贰拾捌 日						账号	10020054912-356
	到票日	贰零壹玖年 壹拾贰 月贰拾捌日						开户银行	建设银行沈阳浑南支行
汇票承兑人		名称	工商银行		账号	1001000354-18		开户银行	工商银行长白支行

汇票金额	人民币（大写）	捌万元整	千 百 十 万 千 百 十 元 角 分
			¥ 8 0 0 0 0 0 0

贴现率	6%	贴现利息	千 百 十 万 千 百 十 元 角 分	实付贴现金额	千 百 十 万 千 百 十 元 角 分
			¥ 1 6 0 0 0 0		¥ 7 8 4 0 0 0 0

贴现款项已入你单位账户。

备注：

银行盖章 2019 年 8 月 28 日

此联银行给持票人的收账通知

要求：以宏达服饰有限责任公司为会计主体，编制记账凭证（该笔业务为本月第 66 笔业务），在表 7-78 中进行操作。

表 7-78

通用记账凭证

年　月　日　　　　　　字第　号

摘要	会计科目		借方金额										贷方金额										记账符号
	总账科目	明细科目	千	百	十	万	千	百	十	元	角	分	千	百	十	万	千	百	十	元	角	分	
附单据　　张　合计：																								

会计主管人员　　　记账　　　稽核　　　制单　　　出纳　　　交领款人

实训十一　日记账

会计主体：鑫飞有限责任公司，增值税一般纳税人，增值税税率13%
开户银行及账号：工商银行古塔支行，100459354-198
法人代表：郑海波
会计主管：刘彤，负责审核会计凭证
会计：朱新宇，负责编制记账凭证
出纳：张帆，负责库存现金与银行存款收付业务

【实训1】2019年8月1日，库存现金日记账余额为3000元，银行存款日记账余额为400000元。2019年8月有关业务如下：

3日，销售甲产品1000千克，单价100元，税率13%，收到现金11300元。

3日，将销售款现金11300元存入银行。

19日，收到罚款收入现金360元。

24日，签发现金支票从银行提取现金80000元备用。

27日，办公室钟丽出差预借差旅费3000元，出纳员用现金支付。

28日，车间以现金80元购买办公用品。

要求：根据上述资料编制记账凭证（记账凭证采用五类编号法，按经济业务顺序编号），在表7-79至表7-84中进行操作。

根据编制的记账凭证登记库存现金日记账并结账，在表7-85中进行操作。

表7-79

收 款 记 账 凭 证

借方科目　　　　　　　　　　　年　月　日　　　　　　　　　字第　号

摘要	结算方式	票号	贷方科目		金额									记账符号
			总账科目	明细科目	千	百	十	万	千	百	十	元	角	分	
附单据　　张			合计												

会计主管人员　　　记账　　　稽核　　　制单　　　出纳　　　交领款人

表 7-80

收款记账凭证

借方科目　　　　　　　　　　年　月　日　　　　　　　　　　字第　号

摘要	结算方式	票号	贷方科目		金额									记账符号
			总账科目	明细科目	千	百	十	万	千	百	十	元	角	分	
附单据　　张			合计												

会计主管人员　　　记账　　　稽核　　　制单　　　出纳　　　交领款人

表 7-81

付款记账凭证

借方科目　　　　　　　　　　年　月　日　　　　　　　　　　字第　号

摘要	结算方式	票号	贷方科目		金额									记账符号
			总账科目	明细科目	千	百	十	万	千	百	十	元	角	分	
附单据　　张			合　计:												

会计主管人员　　　记账　　　稽核　　　制单　　　出纳　　　交领款人

表 7-82

付款记账凭证

借方科目　　　　　　　　　　年　月　日　　　　　　　　　　字第　号

摘要	结算方式	票号	贷方科目		金额									记账符号
			总账科目	明细科目	千	百	十	万	千	百	十	元	角	分	
附单据　　张			合　计:												

会计主管人员　　　记账　　　稽核　　　制单　　　出纳　　　交领款人

表 7-83

付款记账凭证

借方科目　　　　　　　　　　　年　月　日　　　　　　　　　　字第　号

摘要	结算方式	票号	贷方科目		金额									记账符号
			总账科目	明细科目	千	百	十	万	千	百	十	元	角	分	
附单据　　张			合　计:												

会计主管人员　　　　记账　　　稽核　　　制单　　　出纳　　　交领款人

表 7-84

付款记账凭证

借方科目　　　　　　　　　　　年　月　日　　　　　　　　　　字第　号

摘要	结算方式	票号	贷方科目		金额									记账符号
			总账科目	明细科目	千	百	十	万	千	百	十	元	角	分	
附单据　　张			合　计:												

会计主管人员　　　　记账　　　稽核　　　制单　　　出纳　　　交领款人

表 7-85

库存现金日记账

年		凭证编号	摘要	借方										贷方										借或贷	余额									
月	日			千	百	十	万	千	百	十	元	角	分	千	百	十	万	千	百	十	元	角	分		千	百	十	万	千	百	十	元	角	分

【实训 2】2019 年 8 月 1 日，库存现金日记账余额为 5000 元，银行存款日记账余额为 385000 元。2019 年 8 月有关业务如下：

8 日，收到转账支票一张，金额 68900 元，系锦宁市和平超市前欠货款，填写银行进账单存入银行,已收到银行进账单收账通知联。

9日,从粮贸商店购入高筋面粉,取得增值税专用发票,注明价款40000元,增值税3600元,出纳签发转账支票付款,材料已经验收入库。

10日,收到支票一张,为锦宁市和平超市预付奶油面包的货款20000元,存入银行。

13日,从沈河市糖业有限公司购买白糖,增值税专用发票上注明买价10000元,增值税1300元,采用信汇付款,支付信汇手续费20元,材料验收入库。

15日,申请银行本票38150元。

20日,从锦宁市面粉厂购买低筋面粉,取得增值税专用发票注明价款35000元,增值税3150元,价税合计38150元,以银行本票付款。

要求:根据上述资料编制记账凭证(记账凭证按经济业务顺序编号),在表7-86至表7-91中进行操作。

根据编制的记账凭证登记银行存款日记账并结账,在表7-92中进行操作。

表 7-86

通用记账凭证

年　　月　　日　　　　　　　　　　字第　　号

摘要	会计科目		借方金额									贷方金额									记账符号
	总账科目	明细科目	千	百	十	万	千	百	十	元	角	分	千	百	十	万	千	百	十	元	角	分	
附单据　　张　合　计:																							

会计主管人员　　　记账　　　稽核　　　制单　　　出纳　　　交领款人

表 7-87

通用记账凭证

年　　月　　日　　　　　　　　　　字第　　号

摘要	会计科目		借方金额									贷方金额									记账符号
	总账科目	明细科目	千	百	十	万	千	百	十	元	角	分	千	百	十	万	千	百	十	元	角	分	
附单据　　张　合　计:																							

会计主管人员　　　记账　　　稽核　　　制单　　　出纳　　　交领款人

表 7-88

通 用 记 账 凭 证

年　月　日　　　　　　　字第　号

摘要	会计科目		借方金额									贷方金额									记账符号
	总账科目	明细科目	千	百	十	万	千	百	十	元	角	分	千	百	十	万	千	百	十	元	角	分	
附单据　张　合计：																							

会计主管人员　　　记账　　　稽核　　　制单　　　出纳　　　交领款人

表 7-89

通 用 记 账 凭 证

年　月　日　　　　　　　字第　号

摘要	会计科目		借方金额									贷方金额									记账符号
	总账科目	明细科目	千	百	十	万	千	百	十	元	角	分	千	百	十	万	千	百	十	元	角	分	
附单据　张　合计：																							

会计主管人员　　　记账　　　稽核　　　制单　　　出纳　　　交领款人

表 7-90

通 用 记 账 凭 证

年　月　日　　　　　　　字第　号

摘要	会计科目		借方金额									贷方金额									记账符号
	总账科目	明细科目	千	百	十	万	千	百	十	元	角	分	千	百	十	万	千	百	十	元	角	分	
附单据　张　合计：																							

会计主管人员　　　记账　　　稽核　　　制单　　　出纳　　　交领款人

表 7-91

通用记账凭证

年　月　日　　　　　　　　　字第　号

摘要	会计科目		借方金额									贷方金额									记账符号
	总账科目	明细科目	千	百	十	万	千	百	十	元	角	分	千	百	十	万	千	百	十	元	角	分	
附单据　张　合　计：																						

会计主管人员　　　记账　　　稽核　　　制单　　　出纳　　　交领款人

表 7-92

银行存款日记账

年		凭证编号	摘要	借方									贷方									借或贷	余额								
月	日			千	百	十	万	千	百	十	元	角	分	千	百	十	万	千	百	十	元	角	分	√	千	百	十	万	千	百	十	元	角	分

实训十二　错账更正

【实训 1】杨帆有限公司 2019 年 4 月 30 日，结转制造费用 28000 元，记账凭证如表 7-93 所示，并已登记入账，查账时发现错误。

表 7-93

通用记账凭证

2019 年 4 月 30 日　　　　　　凭证编号：45

摘要	会计科目		借方金额									贷方金额									记账符号
	总账科目	明细科目	千	百	十	万	千	百	十	元	角	分	千	百	十	万	千	百	十	元	角	分	
结转制造费用	制造费用				2	8	0	0	0	0	0											
	生产成本														2	8	0	0	0	0	0	
附单据　张　合　计：			￥		2	8	0	0	0	0	0	￥			2	8	0	0	0	0	0	

会计主管人员　王丽凤　　记账　郑凯　　稽核　张军　　制单　金宇　　出纳

要求：审核记账凭证，指出更正错账的方法，并填制更正错账的记账凭证，在表7-94、表7-95中进行操作。

表7-94

通用记账凭证

年　月　日　　　　　　　　　字第　号

摘要	会计科目		借方金额									贷方金额									记账符号
	总账科目	明细科目	千	百	十	万	千	百	十	元	角	分	千	百	十	万	千	百	十	元	角	分	
附单据　　张　合计：																								

会计主管人员　　　记账　　　稽核　　　制单　　　出纳　　　交领款人

表7-95

通用记账凭证

年　月　日　　　　　　　　　字第　号

摘要	会计科目		借方金额									贷方金额									记账符号
	总账科目	明细科目	千	百	十	万	千	百	十	元	角	分	千	百	十	万	千	百	十	元	角	分	
附单据　　张　合计：																								

会计主管人员　　　记账　　　稽核　　　制单　　　出纳　　　交领款人

【实训2】杨帆有限公司2019年5月12日，从银行提取现金200000元备发工资，填制记账凭证误记为20000元，如表7-96所示，并已登记入账，查账时发现错误。

表7-96

通用记账凭证

2019年5月12日　　　　　　凭证编号：21

摘要	会计科目		借方金额									贷方金额									记账符号
	总账科目	明细科目	千	百	十	万	千	百	十	元	角	分	千	百	十	万	千	百	十	元	角	分	
提取现金	库存现金					2	0	0	0	0	0	0											
	银行存款															2	0	0	0	0	0	0	
附单据　壹张　合计：						¥	2	0	0	0	0	0	0			¥	2	0	0	0	0	0	0	

会计主管人员　王丽凤　　记账　郑凯　　稽核　张军　　制单　金宇　　出纳

要求：审核记账凭证，指出更正错账的方法，填制更正错账的记账凭证，并登记银行存款日记账，在表7-97、表7-98中进行操作。

表7-97

通用记账凭证

年　月　日　　　　　　　　　　字第　号

摘要	会计科目		借方金额	贷方金额	记账符号
	总账科目	明细科目	千百十万千百十元角分	千百十万千百十元角分	
附单据　　张　合　计：					

会计主管人员　　　记账　　　稽核　　　制单　　　出纳　　　交领款人

表7-98

银行存款日记账

2019年		凭证编号	摘要	借方	贷方	借或贷	余额
月	日			千百十万千百十元角分	千百十万千百十元角分	√	千百十万千百十元角分
5	12		承前页	8 3 6 9 2 0 0	8 5 1 2 3 0 0	借	1 5 6 2 1 0 0 0 0
	12	21	提取现金		2 0 0 0 0 0 0	借	1 5 4 2 1 0 0 0 0

实训十三　银行存款余额调节表

【实训1】杨帆有限公司2019年6月份银行存款日记账余额为20000元，银行对账款余额为20200元。经核对有以下未达账项：

存入转账支票4000元，银行尚未入账。

委托银行代收的货款5000元，银行已收到并登记入账，由于收账通知未送达企业，故企业尚未入账。

开出转账支票2800元，银行尚未入账。

银行代付电费3600元，企业尚未收到付账通知，尚未入账。

要求：根据上述业务编制银行存款余额调节表，在表7-99中进行操作。

表 7-99

银行存款余额调节表

单位名称：　　　　　　　　　　　年　月　日　　　　　　　金额单位：

项目	金额	项目	金额
企业银行存款日记账的余额		银行对账单的余额	
调节后的存款余额		调节后的存款余额	

会计主管：　　　　　　　　　　　　　　　　　　　　　　制表：

【实训2】根据有关资料（表7-100、表7-101），编制银行存款余额调节表，在表7-102中进行操作。

表 7-100

中国工商银行　客户存款对账单

网点号：　　币种：人民币　　单位：元　　2019年　　　　　　　页码：第2页

账号	户名	上页余额
2801398	杨帆有限公司	75,800.00

日期	交易类型	凭证种类	凭证号	对方户名	摘要	借方发生额	贷方发生额	余额
2019/02/04	现金	略	略	略	存现金		800.00	76,600.00
2019/02/08	现金				提现	12,800.00		63,800.00
2019/02/13	转账				货款		23,400.00	87,200.00
2019/02/15	转账				购设备	30,000.00		57,200.00
2019/02/23	转账				货款		35,100.00	92,300.00
2019/02/27	转账				利息	3,000.00		89,300.00
2019/02/28	转账				货款	20,000.00		69,300.00
2019/02/28	转账				货款		21,060.00	90,360.00
合计						65,800.00	80,360.00	90,360.00

打印时间 2019/02/28

表 7-101

银行存款日记账

3

2018年		凭证编号	摘要	借方 千百十万千百十元角分	贷方 千百十万千百十元角分	借或贷	余额 千百十万千百十元角分
月	日						
1	31		本月合计	8 3 7 0 0 0 0	1 2 4 2 0 0 0 0	借	7 5 8 0 0 0 0
2	4	3	将现金存入银行	8 0 0 0 0		借	7 6 6 0 0 0 0
	8	4	提现备发工资		1 2 8 0 0 0 0	借	6 3 8 0 0 0 0
	13	7	收到前欠货款	2 3 4 0 0 0 0		借	8 7 2 0 0 0 0
	15	8	购买设备		3 0 0 0 0 0 0	借	5 7 2 0 0 0 0
	23	11	销售产品	3 5 1 0 0 0 0		借	9 2 3 0 0 0 0
	28	13	支付购料款		1 1 7 0 0 0 0	借	8 0 6 0 0 0 0
	28	16	预付款		2 0 0 0 0 0 0	借	6 0 6 0 0 0 0
	28	18	收到销货款	4 6 8 0 0 0 0		借	1 0 7 4 0 0 0 0
	28		本月合计	1 0 6 1 0 0 0 0	7 4 5 0 0 0 0	借	1 0 7 4 0 0 0 0

表 7-102

银行存款余额调节表

单位名称：　　　　　　　　　年　　月　　日　　　　　　金额单位：

项目	金额	项目	金额
企业银行存款日记账的余额		银行对账单的余额	
调节后的存款余额		调节后的存款余额	

项目八　综合实训

一、基本资料

会计主体：牛犇有限公司，增值税一般纳税人，增值税税率13%

地址及电话：沈阳市市府京路五段8号，4488288

开户银行及账号：沈阳市工商银行市府路支行，1145789

纳税人识别号：912104444444015875

法人代表：王晓

会计主管：李伟，负责审核会计凭证

会计：佟彤，负责编制记账凭证

出纳：纳福

材料保管员：章路

二、经济业务

2019年10月发生如下经济业务。

5日，收到鑫源股份有限公司张三交来的现金900元，系鑫源股份有限公司因违反合同规定交来的违约金。请填写收款收据表8-1。

表8-1

收款收据　　　　NO：00288256

收款日期　　年　月　日

付款单位（交款人）		收款单位收款人		收款项目											第二联收款单位记账凭证
人民币（大写）				千	百	十	万	千	百	十	元	角	分	结算方式	
收款事由				经办	部门										
					人员										
上述款项照数收讫无误．收款单位财务专用章：（领款人签章）				会计主管		稽核		出纳		交款人					

177

7日，公司办公室职工孙大力到上海参加业务洽谈会，经批准预借差旅费2820元，财务人员审核后付给现金，出差天数为7天。请填写借款单表8-2。

表8-2

借 款 单（记账）

年　月　日　　　顺序第　号

借款单位	*	姓名	*	级别	*	出差地点	*	第三联 借款记账凭证
						天　数	*	
事由		借款金额（大写）	*			注意事项	一、有※者由借款人填写 二、凡借用公款必须使用本单 三、第三联为正式借据由借款人和单位负责人签章 四、出差返回有三天内结算	
部门负责人签署		借款人签署						
单位负责人签署		审核意见						

8日，收到现金100元，系本公司一车间工人李斯交来的违章罚款。请填写收款收据表8-3。

表8-3

收　据

年　月　日

今收到：			
收款事由：		现金	
		支票　第　号	
人民币（大写）		¥_____	
收款人：	会计：	交款人：	

9日，牛犇有限公司将罚款收入800元存入银行。100元面值7张，10元面值10张。请填写现金缴款单表8-4。

表 8-4

中国工商银行 现 金 缴 款 单

缴款日期：20 年 月 日

券种明细		
券种	张数	金额
壹佰元		
伍拾元		
贰拾元		
拾元		
伍元		
贰元		
壹元		
伍角		
贰角		
壹角		
伍分		
贰分		
壹分		
合计		

缴款单位	全 称		账号	
	开户银行			
	款项来源		百十万千百十元角分	
	人民币（大写）			
	现金收讫		复核员 出纳收款员	
			复核员 记账员	

第一联：回单

10 日，牛犇有限公司取得相关原始凭证如表 8-5 所示。

表 8-5

收 款 收 据

NO：00245288

收款日期 *2019* 年 *10* 月 *10* 日

付款单位（交款人）	牛犇有限公司	收款单位收款人	兆明有限公司	收款项目	押金收入
人民币（大写）	玖佰元整		千百十万千百十元角分 ￥ 9 0 0 0 0	结算方式	现金
收款事由	收到包装物押金		经办	部门 人员	
上述款项照数收讫无误． 收款单位财务专用章： （领款人签章）			会计主管 杨硕	稽核 杨硕	出纳 王双	交款人 李楠

13 日，牛犇有限公司签发现金支票提取现金 113489.00 元，备用。请填写现金支票表 8-6。

表 8-6

中国工商银行 现金支票存根	中国工商银行 现金支票　　00000146
00000146 附加信息 出票日期　年　月　日 收款人： 金额： 用途： 单位主管　　会计	出票日期（大写）　年　月　日　付款行名称： 收款人：　　　　　　　　　　　出票人账号： 人民币（大写）　　　　　　　亿千百十万千百十元角分 用途　　　　　　　密码 上列款项请从我账户内支付 出票人签章　　　复核　　　记账

7.15日，牛犇有限公司相关原始凭证如图8-1、图8-2所示，请填写银行进账单表8-7。

辽宁增值税专用发票　　No 00425081

2102103140　　　此联不作报销抵扣凭证使用　　开票日期 2019年10月15日

| 购买方 | 名　称：徐州市机电有限公司
纳税人识别号：91210703458797758907
地址、电话：徐州市解放西路58号 2352596
开户行及账号：工商银行解放支行 5171516 | 密码区 | （略） |

货物或应税劳务、服务名称	规格型号	单位	数量	单价	金额	税率	税额
B产品		件	1000	300	300000.00	13%	33900.00
合　计					￥300000.00		￥33900.00

| 价税合计（大写） | ⊗ 叁拾叁万叁仟玖佰圆整 | （小写）￥333900.00 |

| 销售方 | 名　称：牛犇有限公司
纳税人识别号：912104444444015875
地址、电话：沈阳市市府东路五段8号 4488288
开户行及账号：沈阳市工商银行市府路支行 1145789 | 牛犇有限公司
2104444444101
发票专用章 |

收款人：李小石　　复核：王玉　　开票人：李文君　　销售方：（章）

图8-1　增值税专用发票

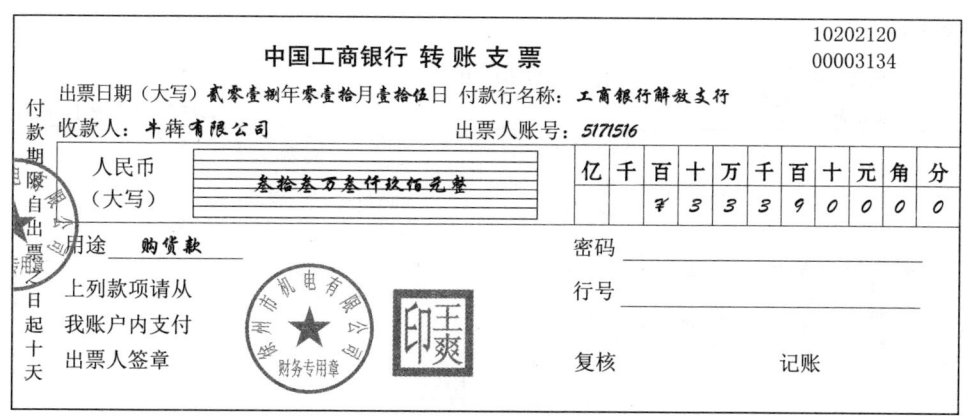

图 8-2　转账支票

表 8-7

出票人	全　称		收款人	全　称	
	账　号			账　号	
	开户银行			开户银行	
金额	人民币（大写）			亿千百十万千百十元角分	
票据种类		票据张数			
票据号码					
备注：					

中国工商银行 进账单（收账通知）3

年　月　日　　No1982345

复核：　　　记账：

16 日，牛犇有限公司相关原始凭证如表 8-8、表 8-9 所示。

表 8-8

出差旅费报销单

辽财会账证 50 号

单位：采购部　　　　　　　　　　　　　　　　　　　2019 年 10 月 16 日填

月	日	时间	出发地	月	日	时间	到达地	机票费	车（船）费	卧铺费	夜行车补助		市内通费	宿费			出差补助		其他	合计
											小时	金额	实支	包干	标准	实支	提成扣减	天数	金额		
10	11	8时	沈阳市	10	11	10时	鞍山市	100					230			475		5	75		880
10	15	20时	鞍山市	10	15	22时	沈阳市	100													100
			合计					200					230			475			75		980

出差任务	开会	报销金额（大写）	人民币：零仟玖佰捌拾零圆零角零分	预借金额	1000
		单位领导 王晓	部负门人 周为	出差人 李一	报销金额	980
					结余或超支	20

会计主管人员 李伟　　记账　　　审核 李伟　　附单据 13 张

表 8-9

借 款 单（结算）

2019 年 10 月 11 日　　　　　　　　　　　顺序第 1 号

借款单位	*采购部	姓名	*李一	级别	*科级	出差地点	*鞍山
						天数	*5
事由	开会	借款金额（大写）	*人民币壹仟元整				￥1000.00
实际报销金额	￥980.00	结余金额	￥20.00	注意事项	一、有 ※ 者由借款人填写 二、凡借用公款必须使用本单 三、第三联为正式借据由借款人和单位负责人签章 四、出差返回有三天内结算		
		超支金额	￥				
收款单位公章				（原借款已报销结算完了并已收账）			
				经办人 李一　　2019 年 10 月 16 日			

第二联 会计结算转账凭证

　　16 日，牛犇有限公司签发转账支票 20400.00 元，偿还前欠 A 公司货款。请填写转账支票表 8-10。

表 8-10

中国工商银行 转账支票存根 00000247 附加信息	中国工商银行 转账支票　00000247
出票日期　年　月　日 收款人： 金额： 用途： 单位主管　　会计	出票日期（大写）　年　月　日　付款行名称： 收款人：　　　　　　　　　　　出票人账号： 人民币（大写）　　　　　　　亿千百十万千百十元角分 用途　　　　　　　　　密码 上列款项请从　　　　　　行号 我账户内支付 出票人签章　　　　　复核　　　记账 付款期限自出票之日起十天

17 日，牛犇有限公司需要到鞍山市钢铁有限公司采购甲材料，委托其开户银行办理银行汇票 260000 元。

鞍山市钢铁有限公司开户银行：工商银行凌西支行；账号：98754。请填写银行业务委托书表 8-11。

表 8-11

中国工商银行			业务委托书		
日期　年　月　日				辽A　00568430	
业务类型	□电汇　　□信汇　　□汇票申请书　　□本票申请书 其他				
汇款人	全称 账号或地址 开户银行		收款人	全称 账号或地址 开户银行	
金额（大写）				亿千百十万千百十元角分	
密　码					
用　途					
备　注	加急汇款签字				
				付款行签章：	
事后监督：　　会计主管：　　复核：　　记账：					

18 日，牛犇有限公司有关原始凭证如表 8-12 所示。

表 8-12

借 款 单（结算）

2019 年 10 月 16 日　　　　　顺序第 1 号

借款单位	*销售部	姓名	*龚亮	级别	*科级	出差地点	*天津
						天　数	*5
事由	开展销会	借款金额（大写）		*人民币壹仟贰佰元整			￥1200.00
部门负责人签署	张丹	借款人签署	龚亮	注意事项		一、有 ※ 者由借款人填写 二、凡借用公款必须使用本单 三、第三联为正式借据由借款人和单位负责人签章 四、出差返回有三天内结算	
单位负责人签署	王晓	审核意见	李伟				

第三联　借款记账凭证

19 日，牛犇有限公司相关原始凭证（增值税专用发票抵扣联略），如图 8-3、图 8-4、图 8-5 所示。

2102103140　　　　辽宁增值税专用发票　　　　No 00643214
　　　　　　　　　　　　发票联　　　　　　　　开票日期　2019 年 10 月 19 日

购买方	名　　称：牛犇有限公司 纳税人识别号：912104444444015875 地址、电话：沈阳市市府东路五段 8 号 4488288 开户行及账号：沈阳市工商银行市府路支行 1145789		密码区	（略）		
货物或应税劳务、服务名称	规格型号	单位	数量	单价	金额	税率	税额
甲材料		吨	50	4000	200000.00	13%	26000.00
合　计					￥200000.00		￥26000.00
价税合计（大写）		⊗ 贰拾贰万陆仟圆整			（小写）	￥226000.00	
销售方	名　　称：鞍山市钢铁有限公司 纳税人识别号：912113810236535150 地址、电话：鞍山市开发区 60 号 3265879 开户行及账号：工商银行凌西支行 98754			鞍山市钢铁有限公司 912113810236535150 发票专用章		

收款人：田娜　　　复核：李盛　　　开票人：许都　　　销售方：（章）

图 8-3　增值税专用发票

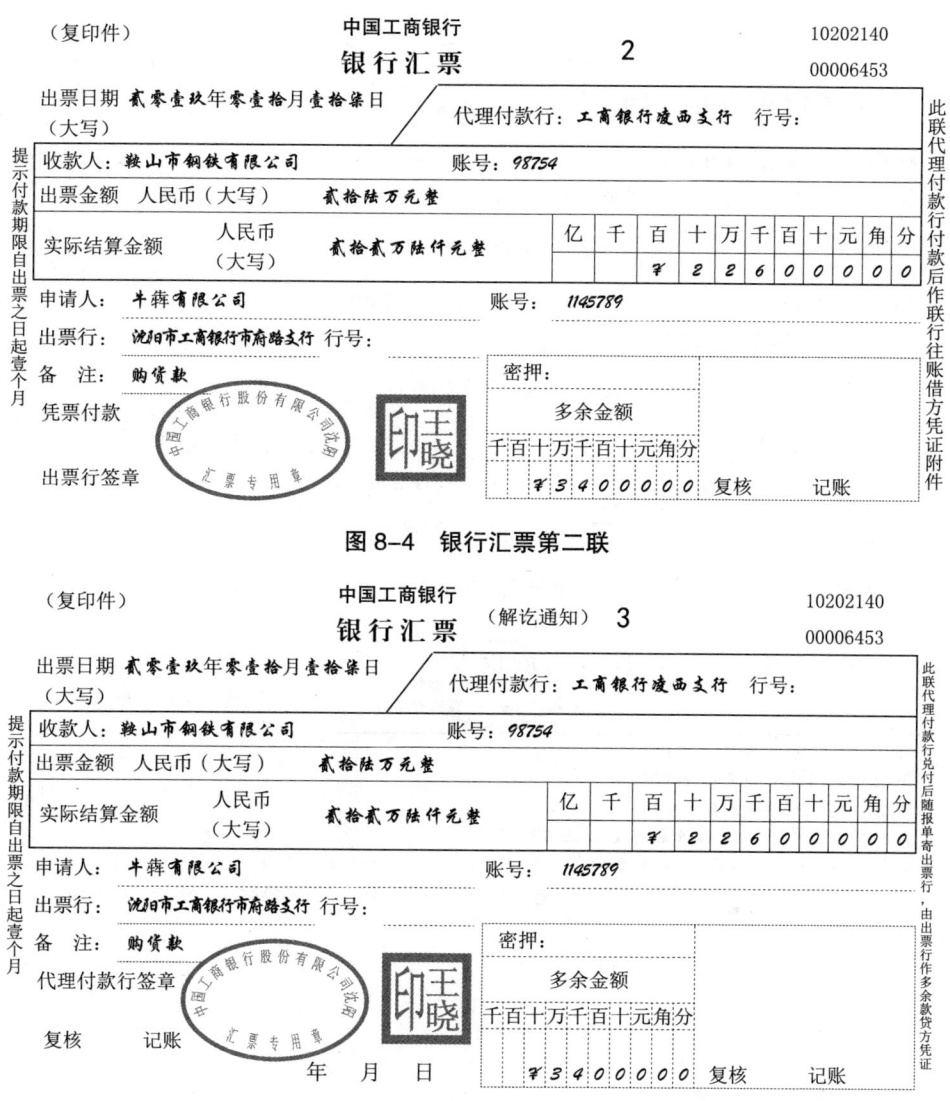

图 8-4　银行汇票第二联

图 8-5　银行汇票第三联

19 日，牛犇有限公司相关原始凭证如图 8-6 所示。

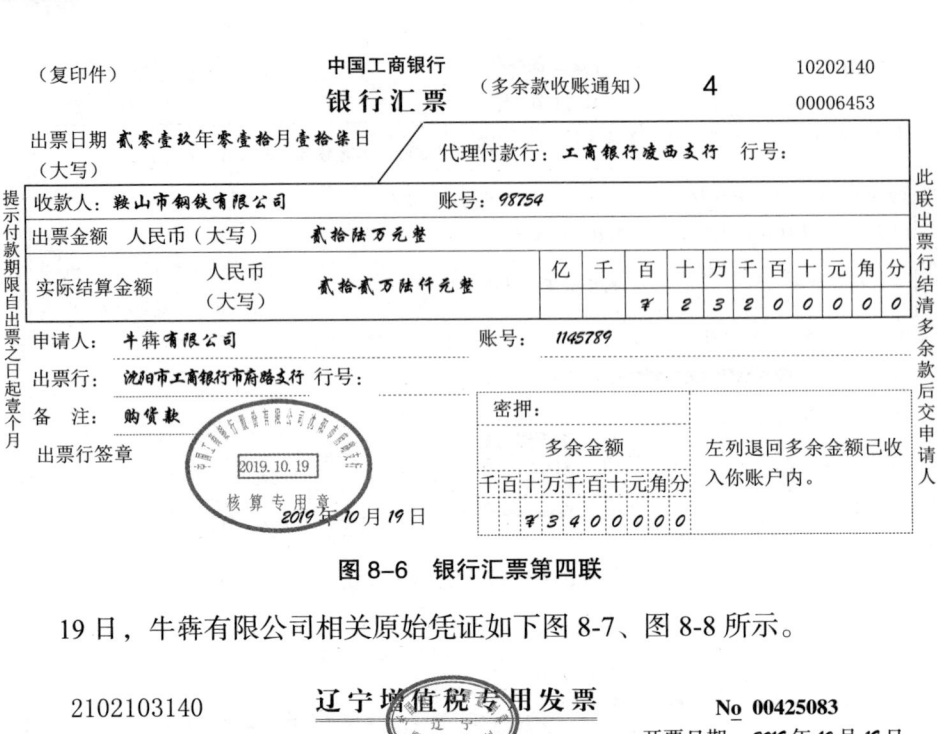

图 8-6 银行汇票第四联

19日，牛犇有限公司相关原始凭证如下图 8-7、图 8-8 所示。

图 8-7 增值税专用发票

商业承兑汇票

2　10202160
　　00324543

出票日期（大写）　贰零壹玖年零壹拾月壹拾玖日

付款人	全称	葫芦岛纤维厂	收款人	全称	牛犇有限公司
	账号	25478788		账号	1145789
	开户银行	工商银行太平支行		开户银行	沈阳市工商银行市府路支行

出票金额　人民币（大写）　肆万伍仟贰佰元整　￥452 0000

汇票到期日（大写）　贰零贰零年零壹月壹拾玖日
付款人开户行　行号 102227000096　地址 锦宁市延安路14号
交易合同号码 1324

本汇票已经承兑，到期无条件付票款。
承兑人签章　承兑日期 2019 年 10 月 19 日

本汇票请予以承兑到期日付款。
出票人签章

此联持票人开户行随托收凭证寄付款人开户行作借方凭证附件

图 8-8　商业承兑汇票第二联

21 日，牛犇有限公司向太原矿务集团购入煤炭，采用电汇方式付款，相关原始凭证（增值税专用发票抵扣联略），如图 8-9、表 8-13 所示。填写银行业务委托书表 8-14。

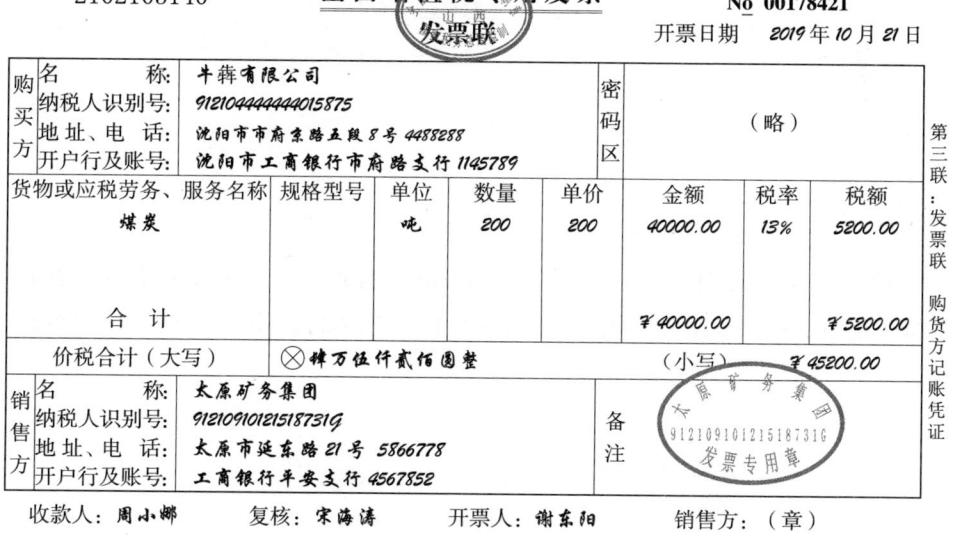

图 8-9　增值税专用发票

表 8-13

业务收费单

2019 年 10 月 21 日

户名	牛犇有限公司				账号					1145789					
业务种类	□现金支票　　□转账支票　　☑电汇　　□汇票委托书　　□银行承兑汇票 □贷款承诺　　□查询查复　　□保函　　□企业验资　　□其他														
业务种类	笔数	工本费	邮电费	手续费	起止号码	金额									
						千	百	十	万	千	百	十	元	角	分
电汇手续费	1			30								3	0	0	0
合计金额（大写）	人民币叁拾元整											¥ 3	0	0	0
	银行业务签章 复核员：　　　　记账员：　　　　验印：														

（第五联 回单）

（核算专用章 2019.10.21）

表 8-14

中国工商银行　　　　　业务委托书

辽 A　00568430

日期　年　月　日		
业务类型	□电汇　　□信汇　　□汇票申请书　　□本票申请书 □其他	
汇款人	全称 账号或地址 开户银行	收款人	全称 账号或地址 开户银行
金额（大写）		亿 千 百 十 万 千 百 十 元 角 分
密码	加急汇款签字	
用途		
备注		
	付款行签章：	
事后监督：　　会计主管：　　复核：　　记账：		

22 日，牛犇有限公司向抚顺凯蒙集团销售 B 产品，已向银行办理了托收手续（电划方式），相关原始凭证如图 8-10、图 8-11、图 8-12 所示。填写托收凭证表 8-15。

项目八　综合实训

2102103140

辽宁增值税专用发票

No 00425082

此联不作报销、抵扣凭证使用

开票日期　2019年10月22日

购买方	名　称：	抚顺凯装集团						
	纳税人识别号：	91210105123654329						
	地址、电话：	抚顺市东北路15号 45879631						
	开户行及账号：	工商银行东北营业部 45879						
密码区	（略）							

货物或应税劳务、服务名称	规格型号	单位	数量	单价	金额	税率	税额
B产品		件	2000	300	600000.00	13%	78000.00
合　计					￥600000.00		￥78000.00

价税合计（大写）	⊗ 陆拾柒万捌仟圆整	（小写）￥678000.00

销售方	名　称：	牛犇有限公司
	纳税人识别号：	912104444444015000
	地址、电话：	沈阳市市府东路五段8号 4488288
	开户行及账号：	沈阳市工商银行市府路支行 1145789

收款人：　　　复核：王玉　　开票人：李文君　　销售方：（章）

第一联：记账联　销货方记账凭证

图 8-10　增值税专用发票

（复印件）

货物运输业增值税专用发票

No 2387165

发票联

开票日期：2019 年 10 月 22 日

承运人及纳税人识别号	沈阳顺风运输公司 91220110221134556	密码区	密码（略）
实际受票方及纳税人识别号	抚顺凯装集团 91210105123654329		
收货人及纳税人识别号	抚顺凯装集团 91210105123654329	发货人及纳税人识别号	牛犇有限公司 912104444444015875
起运地、经由、到达地	沈阳-抚顺		

费用项目及金额	费用项目	金额	费用项目	金额	运输货物信息
	运输费	3669.72			B产品 2000 件

合计金额	￥3669.72	税率	9%	税额	￥330.28
价税合计（大写）	￥4000.00				
车种车号	辽 A20L03	车船吨位		备注	
主管税务机关及代码	国家税务总局沈阳市和平区税务局 321071155				

收款人：陈佰　　复核人：孔祥　　开票人：高镐　　承运人：（章）

第三联：发票联　受票方记账凭证

图 8-11　增值税专用发票

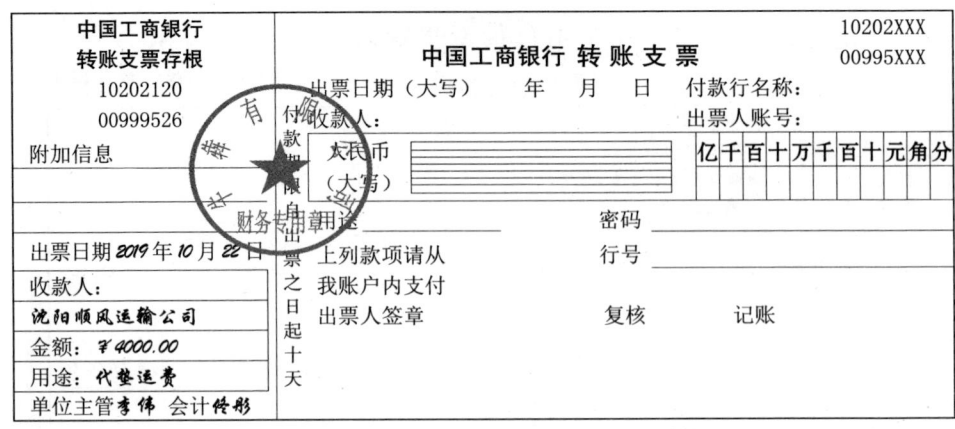

图 8-12 转账支票

表 8-15

23 日，牛犇有限公司相关原始凭证如图 8-13、图 8-14 所示。

2102103140　　　　　山西增值税专用发票　　　　　No 00178421
　　　　　　　　　　　　　发票联　　　　　　　　开票日期 2019年10月23日

购买方	名　　称：牛犇有限公司		密码区	（略）		第一联：记账联 销货方记账凭证
	纳税人识别号：91210444444015875					
	地　址、电　话：沈阳市市府东路五段8号 4488288					
	开户行及账号：沈阳市工商银行市府路支行 1145789					

货物或应税劳务、服务名称	规格型号	单位	数量	单价	金额	税率	税额
煤炭		吨	200	200	40000.00	16%	5200.00
合　计					￥40000.00		￥5200.00
价税合计（大写）	⊗肆万伍仟贰佰圆整			（小写）			￥45200.00

销售方	名　　称：太原矿务集团
	纳税人识别号：91210910121518731G
	地　址、电　话：太原市延东路21号 5866778
	开户行及账号：工商银行平安支行 4567852

收款人：周小娜　　复核：宋海涛　　开票人：谢东阳　　销售方：（章）

图 8-13　增值税专用发票

 中国工商银行　　　　凭证

业务回单（付款）

入账日期：2019年10月23日　　回单编号：11185007651

付款人户名：牛犇有限公司
付款人账号：1145789
付款人开户行：沈阳市工商银行市府路支行
收款人户名：太原矿务集团
收款人账号：4567852
收款人开户行：工商银行平安支行
币种：人民币（本位币）　　　金额（小写）：45200.00
金额（大写）：肆万伍仟贰佰元整
凭证种类：资金汇划收报　　　凭证号码：1196214
业务（产品）种类：汇划收报　摘要：货款（转工行辽宁省沈阳市支行）
交易机构号：0070800032　　　记账柜员：3　　交易代码：　　用途：货款
客户附言：货款（转工行辽宁省沈阳市支行）　用途：货款　发报行行号：56864　收报行行号：

图 8-14　付款凭证

23日，牛犇有限公司的相关原始凭证如图 8-15 所示。

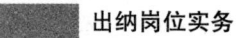

中国工商银行 托收凭证（收账通知）

委托日期 2019年10月22日

业务类型	委托收款（□邮划、□电划）			托收承付（□邮划、☑电划）			
付款人	全称	抚顺凯装集团		收款人	全称	牛犇有限公司	
	账号	45879			账号	1145789	
	地址	辽宁省抚顺市县	开户行	工商银行东北营业部	地址	辽宁省沈阳市县	开户行	沈阳市工商银行市府路支行
金额	人民币（大写）	陆拾捌万贰仟元整			亿千百十万千百十元角分 ￥6 8 2 0 0 0 0 0		
款项内容	货款		托收凭证名称	增值税专用发票、货运发票	附寄单证张数	3	
商品发运情况	商品已发出			合同名称号码			
备注：		款项收妥日期		收款人开户银行签章			
		2019年10月23日		2019.10.23			
复核 记账				年 月 日			

图8-15 托收凭证第五联

25日，牛犇有限公司相关原始凭证如图8-16、图8-17、图8-18所示。

辽宁增值税专用发票 发票联

2102103140　　　　　　　　　　　　　No 00425082

开票日期 2019年10月25日

购买方	名称	牛犇有限公司				密码区	（略）		
	纳税人识别号：	912104444444015875							
	地址、电话：	沈阳市市府东路五段8号 4488288							
	开户行及账号：	沈阳市工商银行市府路支行 1145789							
货物或应税劳务、服务名称	规格型号	单位	数量	单价	金额		税率	税额	
甲产品		件	1500	300	450000.00		13%	58500.00	
合计					￥450000.00			￥58500.00	
价税合计（大写）	⊗ 伍拾万捌仟伍佰圆整						（小写） ￥508500.00		
销售方	名称	天顺有限公司							
	纳税人识别号：	912107777777025678							
	地址、电话：	沈阳市福州街245号 024-33558872							
	开户行及账号：	沈阳市工商银行福州街支行 2164879754							

收款人：　　　复核：张晓玉　　开票人：李君　　销售方：（章）

图8-16 增值税专用发票

（复印件）　　　　　货物运输业增值税专用发票　　No 2387165
　　　　　　　　　　　　发票联　　　　　　　开票日期：2019年10月25日

承运人及纳税人识别号	沈阳顺风运输公司 912201102211334556	密码区	密码（略）	
实际受票方及纳税人识别号	牛犇有限公司 912104444444015875			
收货人及纳税人识别号	牛犇有限公司 912104444444015875	发货人及纳税人识别号	天顺有限公司 912107777777025678	
起运地、经由、到达地	沈阳福州街－沈阳市府东路			
费用项目及金额	费用项目 运输费	金额 2752.29	费用项目	金额	运输货物信息 甲产品 1500件
合计金额	￥2752.29	税率 9%	税额 ￥247.71		
价税合计（大写）	￥3000.00				
车种车号	辽A20L03	车船吨位		备注	
主管税务机关及代码	国家税务总局沈阳市和平区税务局 321071155				

收款人：伍佰　　复核人：孔祥　　开票人：铃铭　　承运人：（章）

税总函〔2014〕10号 北京印钞有限公司

图8-17　增值税专用发票

ICBC 中国工商银行　　　　托收凭证（付账通知）

委托日期　2019年10月25日

业务类型	委托收款（□邮划、□电划）		托收承付（□邮划、☑电划）			
付款人	全称	牛犇有限公司	收款人	全称	天顺有限公司	此联付款人开户银行给付款人按期付款通知
	账号	1145789		账号	2164879754	
	地址	辽宁省沈阳市县	开户行 沈阳市工商银行市府路支行	地址	辽宁省沈阳市县	开户行 沈阳市工商银行福州街支行
金额	人民币（大写）	伍拾壹万壹仟伍佰元整			亿千百十万千百十元角分 ￥ 5 1 1 5 0 0 0 0	
款项内容	货款		托收凭证名称	增值税专用发票、货运发票	附寄单证张数 3	
商品发运情况	商品已发出		合同名称号码			

备注：
付款人开户银行收到日期：
　　　　　年　月　日
复核：　　　记账：

付款人注意：
1. 根据支付结算办法，上列委托收款（托收承付）款项在付款期限内未提出拒付，即视为同意付款，以此代付款通知。
2. 如需提出全部或部分拒付，应在规定期限内，将拒付理由书并附债务证明退交开户银行。

图8-18　托收凭证第四联

25日，牛犇有限公司相关原始凭证（增值税专用发票抵扣联略），如图8-19、表8-16、图8-20所示。

出纳岗位实务

2102103140

辽宁增值税专用发票
发票联

No 00564389
开票日期 2019年10月25日

购买方	名称	牛犇有限公司					
	纳税人识别号	912104444444015875					
	地址、电话	沈阳市市府东路五段8号 4488288					
	开户行及账号	沈阳市工商银行市府路支行 1145789					

密码区 （略）

货物或应税劳务、服务名称	规格型号	单位	数量	单价	金额	税率	税额
电费		度	2000	1	2000.00	13%	260.00
合 计					￥2000.00		￥260.00

价税合计（大写）	贰仟贰佰陆拾圆整	（小写） ￥2260.00

销售方	名称	朝阳市供电公司
	纳税人识别号	91210703319003790
	地址、电话	朝阳市郑州街66号 31257995
	开户行及账号	工商银行远东支行 798621

备注：（朝阳市供电公司发票专用章 91210703319003790）

收款人：韩咏林　　复核：刘瑾　　开票人：马永成　　销售方：（章）

第三联：发票联 购货方记账凭证

图 8-19　增值税专用发票

表 8-16

电费分配表

2019年10月25日　　　　　　　　　单位：元

部门	电费
车间管理	1500
行政管理部门	500
合计	2000

　　　托收凭证（付账通知）

委托日期　2019年10月25日

业务类型	委托收款（□邮划、☑电划）		托收承付（□邮划、□电划）	
付款人	全称	牛犇有限公司	全称	朝阳市供电公司
	账号	1145789	账号	798621
	地址	辽宁省沈阳市县　开户行　工商银行市府路支行	地址	辽宁省沈阳市县　开户行　工商银行远东支行
金额	人民币（大写）	贰仟贰佰陆拾元整	亿千百十万千百十元角分 ￥2　2　6　0　0　0	
款项内容	电费		托收凭证名称	增值税专用发票	附寄单证张数	2
商品发运情况			合同名称号码	
备注				
付款人开户银行收到日期　年　月　日			付款人开户银行签章　2019年10月25日	
复核　　　记账				

此联付款人开户银行给付款人按期付款通知

付款人注意：
1. 根据支付结算办法，上列委托收款（托收承付）款项在付款期限内未提出拒付，即视为同意付款，以此代为付款。
2. 如需提出全部或部分拒付，应在规定期限内，将拒付理由书并附债务证明退交开户银行。

图 8-20　托收凭证第四联

194

27日，牛犇有限公司相关原始凭证（增值税专用发票抵扣联略），如图8-21、图8-22所示。

图8-21 增值税专用发票

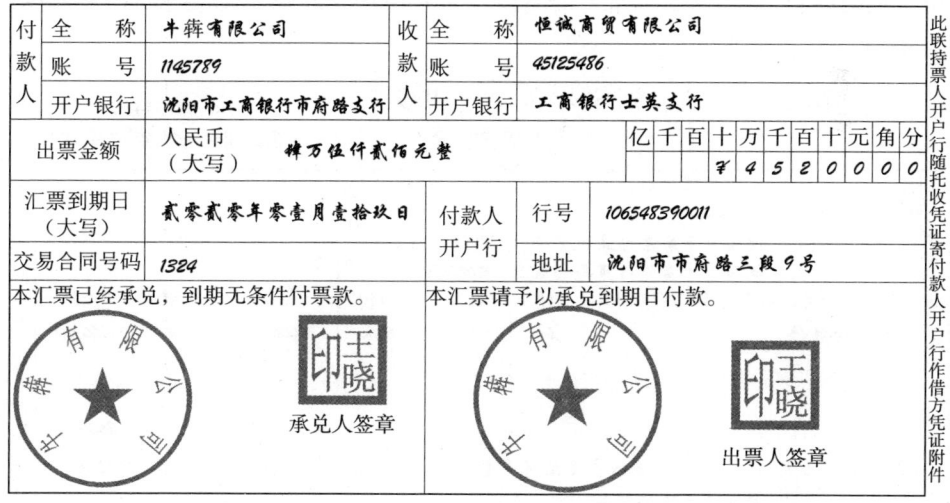

图8-22 商业承兑汇票第二联

28日，办公室李想去大连参加商品交易会回来报销差旅费，其中：动车票2张（去：锦州-大连184元，10月16日8：06-10：36；返：大连-锦州184元，10月19日17：10-19：42），出租车票7张，共计245元，宿费发票 1 张，金额 480 元，出差补助 40 元/天（原预借差旅费 1200 元）。填写出差旅费报销单表 8-17。

表 8-17

辽财会账证 50 号　　　　　　　　**出差旅费报销单**

单位：　　　　　　　　　　　　　　　　　　　　　　　　　年　月　日填

月	日	时间	出发地	月	日	时间	到达地	机票费	车（船）费	卧铺费	夜行车补助		市内交通费		宿费			出差补助		其他	合计
											小时	金额	实支	包干	标准	实支	提成扣减	天数	金额		
	合计																				

出差任务		报销金额（大写）	人民币：仟 佰 拾 圆 角 分		预借金额	
		单位领导	部门负责人	出差人	报销金额	
					结余或超支	

会计主管人员　　　　　　　记账　　　　　　审核　　　附单据　　张

28 日，根据 5647 号合同规定，牛犇有限公司向铁岭市金城纸业有限公司购买丙材料，相关原始凭证（增值税专用发票抵扣联略），如图 8-23、表 8-18、图 8-24、表 8-19 所示。

2102103140　　　　**辽宁增值税专用发票**　　　No 00136406
　　　　　　　　　　　　发票联　　　　　　　　开票日期 2019 年 10 月 28 日

购买方	名　称：	牛犇有限公司		密码区	（略）		第三联：发票联 购货方记账凭证
	纳税人识别号：	210444444401					
	地址、电话：	沈阳市市府东路五段 8 号 4488288					
	开户行及账号：	沈阳市工商银行市府路支行 41145789					

货物或应税劳务、服务名称	规格型号	单位	数量	单价	金额	税率	税额
丙材料		kg	100	2000	200000.00	13%	26000.00
合计					￥200000.00		￥26000.00
价税合计（大写）	⊗ 贰拾贰万陆仟圆整				（小写）￥226000.00		

销售方	名　称：	金城纸业有限公司
	纳税人识别号：	912109101215038978
	地址、电话：	铁岭市南宁路 19 号 5863597
	开户行及账号：	工商银行南宁支行 98669

收款人：刘连纯　　复核：王牧笛　　开票人：李玉洁　　销售方：（章）

图 8-23　增值税专用发票

表 8-18

银行承兑汇票（存根）

3　10202150
　　00025478

出票日期（大写）	贰零壹玖年零壹拾月贰拾捌日													
出票人全称	牛犇有限公司		全　称	金城纸业有限公司										
出票人账号	1145789		账　号	98669										
付款行全称	沈阳市工商银行市府路支行		开户银行	铁岭市工商银行南宁支行										
出票金额	人民币（大写）	贰拾贰万陆仟元整		亿	千	百	十	万	千	百	十	元	角	分
						￥	2	2	6	0	0	0	0	0
汇票到期日（大写）	贰零贰零年叁月贰拾捌日	付款行	行号	106548390011										
承兑协议编号			地址	沈阳市市府路三段9号										
				备注：										

此联由出票人存查

银行承兑协议

银行承兑汇票的内容：
出票人全称：牛犇有限公司
开户银行：沈阳市工商银行市府路支行
账号：1145789
汇票号码：25478
出票日期：2019年10月28日

收款人全称：金城纸业有限公司
开户银行：工商银行南宁支行
账号：98669
汇票金额（大写）：贰拾贰万陆仟元整
到期日期：2020年3月28日

以上汇票经银行承兑，出票人愿意遵守《支付结算办法》的规定及下列条款：
一、出票人于汇票到期日前将应付票款足额承兑银行。
二、承兑手续费按票面金额万分之五计算，在银行承兑时一次付清。
三、出票人与持票人如发生任何交易纠纷，均由其双方自行处理，票款于到期前应按第一条办理无误。
四、承兑汇票到期日，承兑银行凭票无条件支付票款。如到期日之前不能足额交付票款时，承兑银行对不足支付部分的票款做出票申请人逾期贷款，并按照有关规定计收罚款。
五、承付汇票款付清后，本协议自动失效。

订立承兑协议日期 2019年10月28日

图 8-24　银行承兑协议

表 8-19

业务收费单

2019 年 10 月 28 日

户名	牛犇有限公司			账号	1145789	
业务种类	☐现金支票　☐转账支票　☐电汇　☐汇票委托书　☑银行承兑汇票 ☐贷款承诺　☐查询查复　☐保函　☐企业验资　☐其他					
业务种类	笔数	工本费	邮电费	手续费	起止号码	金额（千百十万千百十元角分）
银行承兑汇票	1			113		1 1 3 0 0
合计金额（大写）	人民币壹佰壹拾叁元整					¥ 1 1 3 0 0
			银行业务签章			
			复核员：	记账员：	验印：	

第五联 回单

29 日，牛犇有限公司相关原始凭证如图 8-25、表 8-20 所示。

（复印件）　　　　银行承兑汇票　　　　2　　10202150
　　　　　　　　　　　　　　　　　　　　　　78654980

出票日期（大写）　　贰零壹玖年柒月贰拾玖日

出票人全称	长春市食品加工厂	收款人	全称	牛犇有限公司
出票人账号	458791		账号	1145789
付款行全称	工商银行西门口支行		开户银行	工商银行市府路支行
出票金额	人民币（大写）壹拾玖万柒仟壹佰陆拾肆元叁角整			亿千百十万千百十元角分 ¥ 1 9 7 1 6 4 3 0
汇票到期日（大写）	贰零壹捌年壹拾壹月贰拾玖日	付款行	行号	368972502587
承兑协议编号			地址	长春市北宁路三段9号
本汇票请你行承兑，到期无条件付款。		本汇票已经承兑，到期由行付款。		密押
出票人签章		承兑行盖章 承兑日期 2019 年 10 月 29 日		复核：　计帐：
		备注		

此联收款人开户行随托收凭证寄付款行作借方凭证附件

图 8-25　银行承兑汇票第二联

表 8-20

贴现凭证（收账通知）   4

申请日期 2019 年 10 月 29 日　　　　第　　号

贴现汇票	种类	银行承兑汇票	号码	78654980	持票人	名称	牛犇有限公司										
	出票日	贰零壹玖年柒月贰拾玖日				账号	1145789										
	到票日	贰零壹玖年壹拾壹月贰拾玖日				开户银行	工商银行市府路支行										
	汇票承兑人	名称	工商银行		账号	478912	开户银行	工商银行新区支行									
汇票金额		人民币（大写）	壹拾玖万柒仟壹佰陆拾肆元叁角整					千	百	十	万	千	百	十	元	角	分
									¥1	9	7	1	6	4	3	0
贴现率	1%	贴现利息	千百十万千百十元角分　¥16430				实付贴现金额		千百十万千百十元角分 ¥19700000								

贴现款项已入你单位账户。
（核算专用章 2019.10.29）
银行盖章 2019 年 10 月 29 日

备注：

此联银行给持票人的收账通知

29 日，牛犇有限公司应收葫芦岛纤维厂的商业承兑汇票到期，委托银行收款（电划方式），相关原始凭证如图 8-26 所示，请填写托收凭证表 8-21。

商业承兑汇票　　　　2　　10202160 / 00324543

出票日期（大写）	贰零壹玖年柒月贰拾玖日											
付款人	全称	葫芦岛纤维厂	收款人	全称	牛犇有限公司							
	账号	25478788		账号	1145789							
	开户银行	工商银行太平支行		开户银行	沈阳市工商银行市府路支行							
出票金额	人民币（大写）	肆万陆仟捌佰元整				亿	千	百	十	万	千百十元角分
										¥4	6 8 0 0 0 0
汇票到期日（大写）	贰零壹玖年零壹拾月贰拾玖日			付款人开户行	行号	102227000096						
交易合同号码	1324				地址	葫芦岛市延安路 14 号						
本汇票已经承兑，到期无条件付票款。				本汇票请予以承兑到期日付款。								
（葫芦岛纤维厂财务专用章）（印 邓凯）承兑人签章 承兑日期 2019 年 7 月 29 日				（葫芦岛纤维厂财务专用章）（印 邓凯）出票人签章								

图 8-26　商业承兑汇票第二联

表 8-21

		ICBC 中国工商银行			托收凭证（受理回单）		
		委托日期　　年　月　日					
业务类型		委托收款（□邮划、□电划）		托收承付（□邮划、□电划）			此联收款人开户银行给收款人的受理回单
付款人	全称		收款人	全称			
	账号			账号			
	地址	省　市县　开户行		地址	省　市县　开户行		
金额	人民币（大写）				亿千百十万千百十元角分		
款项内容			托收凭证名称		附寄单证张数		
商品发运情况			合同名称号码				
备注			款项收妥日期　　　　　年　月　日		收款人开户银行签章　　　　　年　月　日		
复核　　记账							

30 日，牛犇有限公司相关原始凭证如表 8-22 所示。

表 8-22

		ICBC 中国工商银行			托收凭证（收账通知）		
		委托日期 *2019 年 10 月 30 日*					
业务类型		委托收款（□邮划、☑电划）		托收承付（□邮划、□电划）			此联收款人开户行给收款人的收账通知
付款人	全称	葫芦岛纤维厂	收款人	全称	牛犇有限公司		
	账号	25478788		账号	1145789		
	地址	辽宁省葫芦岛市县　开户行 工商银行太平支行		地址	辽宁省沈阳市县　开户行 工商银行市府路支行		
金额	人民币（大写）	肆万陆仟捌佰元整			亿千百十万千百十元角分 ￥4 6 8 0 0 0 0		
款项内容		商业汇票款	托收凭证名称	商业承兑汇票	附寄单证张数	1	
商品发运情况		商品已发出		合同名称号码			
备注			款项收妥日期30 核算专用章 2019 年 10 月 30 日		收款人开户银行签章　　　　　年　月　日		
复核　　记账							

31 日，牛犇有限公司相关原始凭证如表 8-23 所示。

表 8-23

ICBC 中国工商银行　　托收凭证（付账通知）

委托日期 2019 年 10 月 19 日

业务类型	委托收款（□邮划、☑电划）		托收承付（□邮划、□电划）		
付款人	全称	牛犇有限公司	收款人	全称	恒诚商贸有限公司
	账号	1145789		账号	45125486
	地址	辽宁省沈阳市　开户行　工商银行市商路支行		地址	辽宁省锦州市　开户行　工商银行士英支行
金额	人民币（大写）	肆万陆仟肆佰元整		亿千百十万千百十元角分 ¥ 4 6 4 0 0 0 0	
款项内容	商业汇票款	托收凭证名称	商业承兑汇票	附寄单证张数	1
商品发运情况			合同名称号码		

备注：
付款人开户银行收到日期：
　　　　年　月　日
复核　　记账

付款人注意：
1. 根据支付结算办法，上列委托收款（托收承付）款项在付款期限内未提出拒付，即视为同意付款，以此代付款通知。
2. 如需提出全部或部分拒付，应在规定期限内，将拒付理由书并附债务证明退交开户银行。

此联付款人开户银行给付款人按期付款通知

（付款人开户银行签章　2019 年 10 月 31 日）

（三）要求

将以上业务中的原始凭证填写完整。

编制记账凭证（采用总字编号法），在表 8-24 至表 8-53 中进行操作。

登记库存现金日记账与银行存款日记账（库存现金日记账期初余额为 8000 元，银行存款日记账期初余额为 1250000 元），在表 8-54、表 8-55 中进行操作。

表 8-24

通用记账凭证

年　月　日　　　　　　　　　　　　字第　号

摘要	会计科目		借方金额									贷方金额									记账符号
	总账科目	明细科目	千	百	十	万	千	百	十	元	角	分	千	百	十	万	千	百	十	元	角	分	
附单据　　张　合　计：																						

会计主管人员　　记账　　稽核　　制单　　出纳　　交领款人

表 8-25

通用记账凭证

年　月　日　　　　　　　　字第　号

摘要	会计科目		借方金额									贷方金额									记账符号
	总账科目	明细科目	千	百	十	万	千	百	十	元	角	分	千	百	十	万	千	百	十	元	角	分	
附单据　　张　合　计：																							

会计主管人员　　　记账　　　稽核　　　制单　　　出纳　　　交领款人

表 8-26

通用记账凭证

年　月　日　　　　　　　　字第　号

摘要	会计科目		借方金额									贷方金额									记账符号
	总账科目	明细科目	千	百	十	万	千	百	十	元	角	分	千	百	十	万	千	百	十	元	角	分	
附单据　　张　合　计：																							

会计主管人员　　　记账　　　稽核　　　制单　　　出纳　　　交领款人

表 8-27

通用记账凭证

年　月　日　　　　　　　　字第　号

摘要	会计科目		借方金额									贷方金额									记账符号
	总账科目	明细科目	千	百	十	万	千	百	十	元	角	分	千	百	十	万	千	百	十	元	角	分	
附单据　　张　合　计：																							

会计主管人员　　　记账　　　稽核　　　制单　　　出纳　　　交领款人

表 8-28

通 用 记 账 凭 证

年　月　日　　　　　　　　　字第　号

摘要	会计科目		借方金额										贷方金额										记账符号
	总账科目	明细科目	千	百	十	万	千	百	十	元	角	分	千	百	十	万	千	百	十	元	角	分	
附单据　　张　合　计：																							

会计主管人员　　　记账　　　稽核　　　制单　　　出纳　　　交领款人

表 8-29

通 用 记 账 凭 证

年　月　日　　　　　　　　　字第　号

摘要	会计科目		借方金额										贷方金额										记账符号
	总账科目	明细科目	千	百	十	万	千	百	十	元	角	分	千	百	十	万	千	百	十	元	角	分	
附单据　　张　合　计：																							

会计主管人员　　　记账　　　稽核　　　制单　　　出纳　　　交领款人

表 8-30

通 用 记 账 凭 证

年　月　日　　　　　　　　　字第　号

摘要	会计科目		借方金额										贷方金额										记账符号
	总账科目	明细科目	千	百	十	万	千	百	十	元	角	分	千	百	十	万	千	百	十	元	角	分	
附单据　　张　合　计：																							

会计主管人员　　　记账　　　稽核　　　制单　　　出纳　　　交领款人

表 8-31

通用记账凭证

年　月　日　　　　　　　　　　　字第　号

摘要	会计科目		借方金额									贷方金额									记账符号
	总账科目	明细科目	千	百	十	万	千	百	十	元	角	分	千	百	十	万	千	百	十	元	角	分	
附单据　　张　合　计:																							

会计主管人员　　　记账　　　稽核　　　制单　　　出纳　　　交领款人

表 8-32

通用记账凭证

年　月　日　　　　　　　　　　　字第　号

摘要	会计科目		借方金额									贷方金额									记账符号
	总账科目	明细科目	千	百	十	万	千	百	十	元	角	分	千	百	十	万	千	百	十	元	角	分	
附单据　　张　合　计:																							

会计主管人员　　　记账　　　稽核　　　制单　　　出纳　　　交领款人

表 8-33

通用记账凭证

年　月　日　　　　　　　　　　　字第　号

摘要	会计科目		借方金额									贷方金额									记账符号
	总账科目	明细科目	千	百	十	万	千	百	十	元	角	分	千	百	十	万	千	百	十	元	角	分	
附单据　　张　合　计:																							

会计主管人员　　　记账　　　稽核　　　制单　　　出纳　　　交领款人

表 8-34

通 用 记 账 凭 证

年　月　日　　　　　　　　　字第　号

摘要	会计科目		借方金额									贷方金额									记账符号
	总账科目	明细科目	千	百	十	万	千	百	十	元	角	分	千	百	十	万	千	百	十	元	角	分	
附单据　　张　合　计：																							

会计主管人员　　　记账　　　稽核　　　制单　　　出纳　　　交领款人

表 8-35

通 用 记 账 凭 证

年　月　日　　　　　　　　　字第　号

摘要	会计科目		借方金额									贷方金额									记账符号
	总账科目	明细科目	千	百	十	万	千	百	十	元	角	分	千	百	十	万	千	百	十	元	角	分	
附单据　　张　合　计：																							

会计主管人员　　　记账　　　稽核　　　制单　　　出纳　　　交领款人

表 8-36

通 用 记 账 凭 证

年　月　日　　　　　　　　　字第　号

摘要	会计科目		借方金额									贷方金额									记账符号
	总账科目	明细科目	千	百	十	万	千	百	十	元	角	分	千	百	十	万	千	百	十	元	角	分	
附单据　　张　合　计：																							

会计主管人员　　　记账　　　稽核　　　制单　　　出纳　　　交领款人

表 8-37

通用记账凭证

年　月　日　　　　　　　　　字第　号

摘要	会计科目		借方金额									贷方金额									记账符号
	总账科目	明细科目	千	百	十	万	千	百	十	元	角	分	千	百	十	万	千	百	十	元	角	分	
附单据　　张　合　计：																						

会计主管人员　　　记账　　　稽核　　　制单　　　出纳　　　交领款人

表 8-38

通用记账凭证

年　月　日　　　　　　　　　字第　号

摘要	会计科目		借方金额									贷方金额									记账符号
	总账科目	明细科目	千	百	十	万	千	百	十	元	角	分	千	百	十	万	千	百	十	元	角	分	
附单据　　张　合　计：																						

会计主管人员　　　记账　　　稽核　　　制单　　　出纳　　　交领款人

表 8-39

通用记账凭证

年　月　日　　　　　　　　　字第　号

摘要	会计科目		借方金额									贷方金额									记账符号
	总账科目	明细科目	千	百	十	万	千	百	十	元	角	分	千	百	十	万	千	百	十	元	角	分	
附单据　　张　合　计：																						

会计主管人员　　　记账　　　稽核　　　制单　　　出纳　　　交领款人

表 8-40

通用记账凭证

年　月　日　　　　　　　　字第　号

摘要	会计科目		借方金额									贷方金额									记账符号
	总账科目	明细科目	千	百	十	万	千	百	十	元	角	分	千	百	十	万	千	百	十	元	角	分	
附单据　张　合计:																						

会计主管人员　　　记账　　　稽核　　　制单　　　出纳　　　交领款人

表 8-41

通用记账凭证

年　月　日　　　　　　　　字第　号

摘要	会计科目		借方金额									贷方金额									记账符号
	总账科目	明细科目	千	百	十	万	千	百	十	元	角	分	千	百	十	万	千	百	十	元	角	分	
附单据　张　合计:																						

会计主管人员　　　记账　　　稽核　　　制单　　　出纳　　　交领款人

表 8-42

通用记账凭证

年　月　日　　　　　　　　字第　号

摘要	会计科目		借方金额									贷方金额									记账符号
	总账科目	明细科目	千	百	十	万	千	百	十	元	角	分	千	百	十	万	千	百	十	元	角	分	
附单据　张　合计:																						

会计主管人员　　　记账　　　稽核　　　制单　　　出纳　　　交领款人

表 8-43

通 用 记 账 凭 证

年　月　日　　　　　　　　　字第　号

摘要	会计科目		借方金额									贷方金额									记账符号
	总账科目	明细科目	千	百	十	万	千	百	十	元	角	分	千	百	十	万	千	百	十	元	角	分	
附单据　　张　合　计：																							

会计主管人员　　　记账　　　稽核　　　制单　　　出纳　　　交领款人

表 8-44

通 用 记 账 凭 证

年　月　日　　　　　　　　　字第　号

摘要	会计科目		借方金额									贷方金额									记账符号
	总账科目	明细科目	千	百	十	万	千	百	十	元	角	分	千	百	十	万	千	百	十	元	角	分	
附单据　　张　合　计：																							

会计主管人员　　　记账　　　稽核　　　制单　　　出纳　　　交领款人

表 8-45

通 用 记 账 凭 证

年　月　日　　　　　　　　　字第　号

摘要	会计科目		借方金额									贷方金额									记账符号
	总账科目	明细科目	千	百	十	万	千	百	十	元	角	分	千	百	十	万	千	百	十	元	角	分	
附单据　　张　合　计：																							

会计主管人员　　　记账　　　稽核　　　制单　　　出纳　　　交领款人

表 8-46

通 用 记 账 凭 证

年　月　日　　　　　　　　　　　　字第　号

摘要	会计科目		借方金额										贷方金额										记账符号
	总账科目	明细科目	千	百	十	万	千	百	十	元	角	分	千	百	十	万	千	百	十	元	角	分	
附单据　张　合　计：																							

会计主管人员　　　记账　　　稽核　　　制单　　　出纳　　　交领款人

表 8-47

通 用 记 账 凭 证

年　月　日　　　　　　　　　　　　字第　号

摘要	会计科目		借方金额										贷方金额										记账符号
	总账科目	明细科目	千	百	十	万	千	百	十	元	角	分	千	百	十	万	千	百	十	元	角	分	
附单据　张　合　计：																							

会计主管人员　　　记账　　　稽核　　　制单　　　出纳　　　交领款人

表 8-48

通 用 记 账 凭 证

年　月　日　　　　　　　　　　　　字第　号

摘要	会计科目		借方金额										贷方金额										记账符号
	总账科目	明细科目	千	百	十	万	千	百	十	元	角	分	千	百	十	万	千	百	十	元	角	分	
附单据　张　合　计：																							

会计主管人员　　　记账　　　稽核　　　制单　　　出纳　　　交领款人

表 8-49

通 用 记 账 凭 证

年　月　日　　　　　　　　　　　字第　号

摘要	会计科目		借方金额									贷方金额									记账符号
	总账科目	明细科目	千	百	十	万	千	百	十	元	角	分	千	百	十	万	千	百	十	元	角	分	
附单据　张　合　计:																							

会计主管人员　　记账　　稽核　　制单　　出纳　　交领款人

表 8-50

通 用 记 账 凭 证

年　月　日　　　　　　　　　　　字第　号

摘要	会计科目		借方金额									贷方金额									记账符号
	总账科目	明细科目	千	百	十	万	千	百	十	元	角	分	千	百	十	万	千	百	十	元	角	分	
附单据　张　合　计:																							

会计主管人员　　记账　　稽核　　制单　　出纳　　交领款人

表 8-51

通 用 记 账 凭 证

年　月　日　　　　　　　　　　　字第　号

摘要	会计科目		借方金额									贷方金额									记账符号
	总账科目	明细科目	千	百	十	万	千	百	十	元	角	分	千	百	十	万	千	百	十	元	角	分	
附单据　张　合　计:																							

会计主管人员　　记账　　稽核　　制单　　出纳　　交领款人

表 8-52

通 用 记 账 凭 证

年　月　日　　　　　　　字第　号

摘要	会计科目		借方金额									贷方金额									记账符号
	总账科目	明细科目	千	百	十	万	千	百	十	元	角	分	千	百	十	万	千	百	十	元	角	分	
附单据　张　合　计：																						

会计主管人员　　记账　　稽核　　制单　　出纳　　交领款人

表 8-53

通 用 记 账 凭 证

年　月　日　　　　　　　字第　号

摘要	会计科目		借方金额									贷方金额									记账符号
	总账科目	明细科目	千	百	十	万	千	百	十	元	角	分	千	百	十	万	千	百	十	元	角	分	
附单据　张　合　计：																						

会计主管人员　　记账　　稽核　　制单　　出纳　　交领款人

表 8-54

库存现金日记账

年		凭证编号	摘要	借方									贷方									借或贷	余额								
月	日			千	百	十	万	千	百	十	元	角	分	千	百	十	万	千	百	十	元	角	分	√	千	百	十	万	千	百	十	元	角	分

表 8–55

银行存款日记账

年		凭证编号	摘要	借方										贷方										借或贷	余额									
月	日			千	百	十	万	千	百	十	元	角	分	千	百	十	万	千	百	十	元	角	分	√	千	百	十	万	千	百	十	元	角	分

参考文献

[1] 林云刚，朱建君. 出纳会计实务 [M]. 2 版. 北京：高等教育出版社，2010.

[2] 张华，李凤云. 会计综合模拟实训 [M]. 3 版. 北京：经济科学出版社，2016.

[3] 杨蕊. 会计实务操作 [M]. 2 版. 北京：高等教育出版社，2014.

[4] 财政部会计资格评价中心. 初级会计实务 [M]. 北京：经济科学出版社，2018.